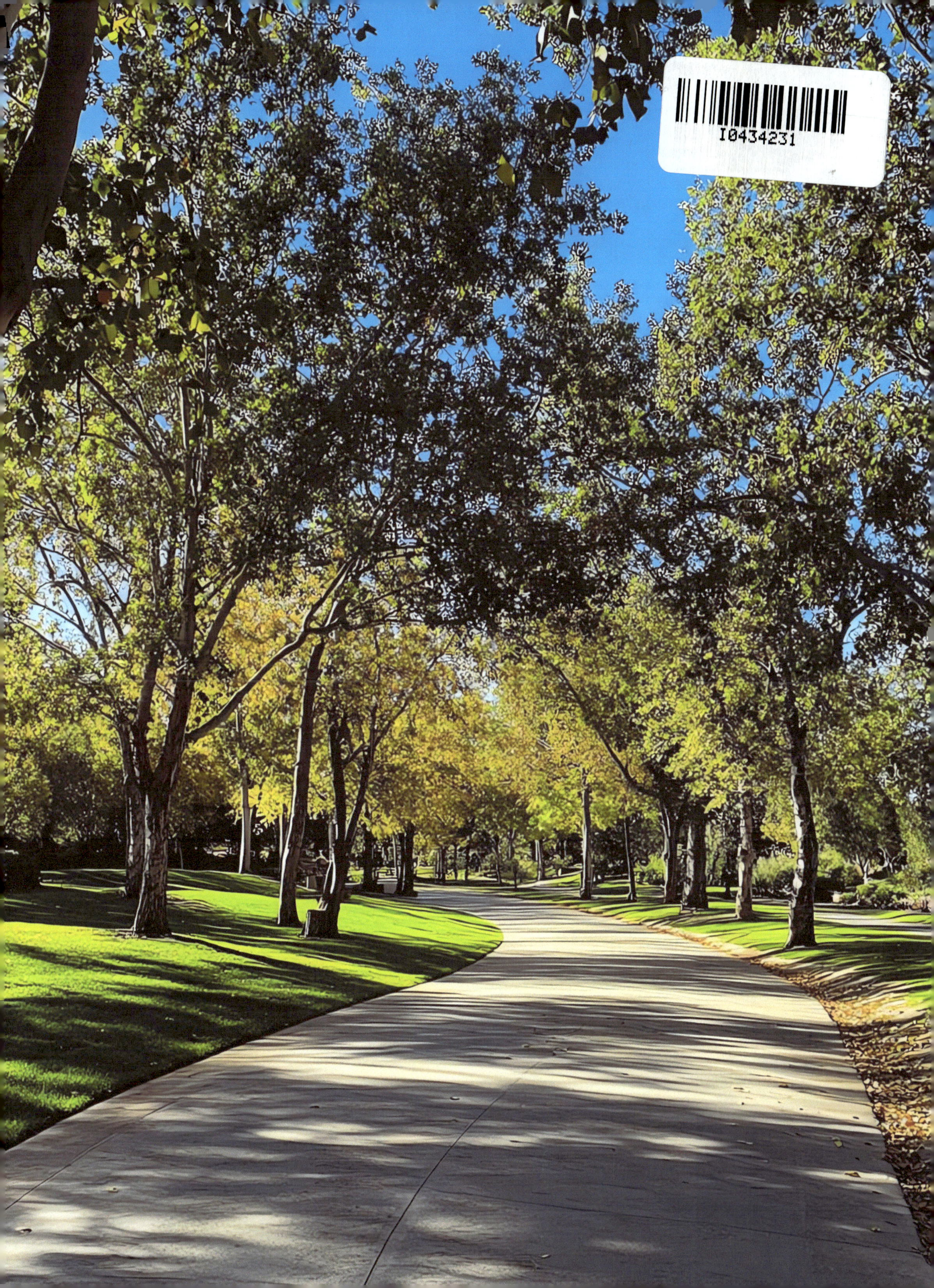

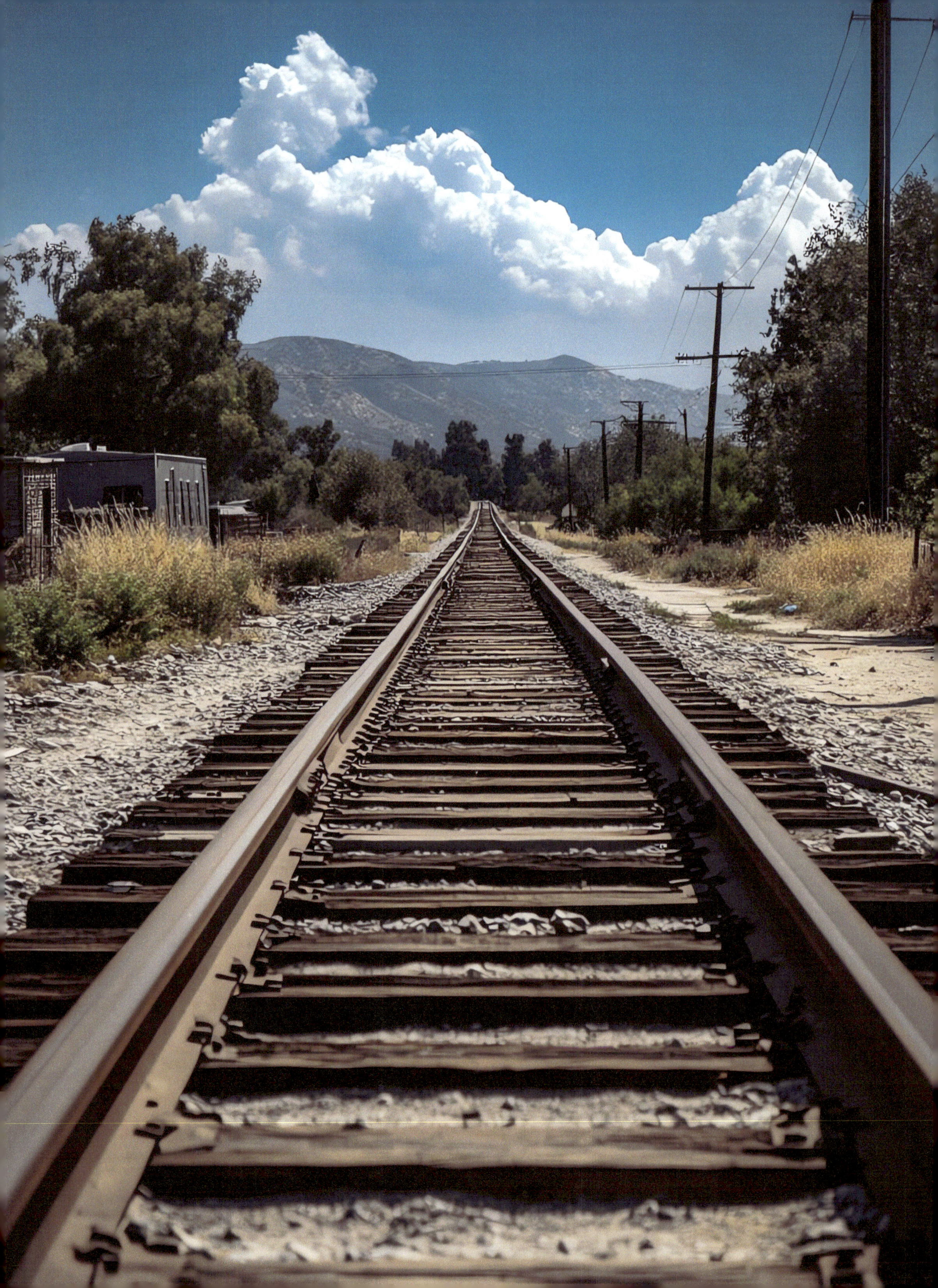

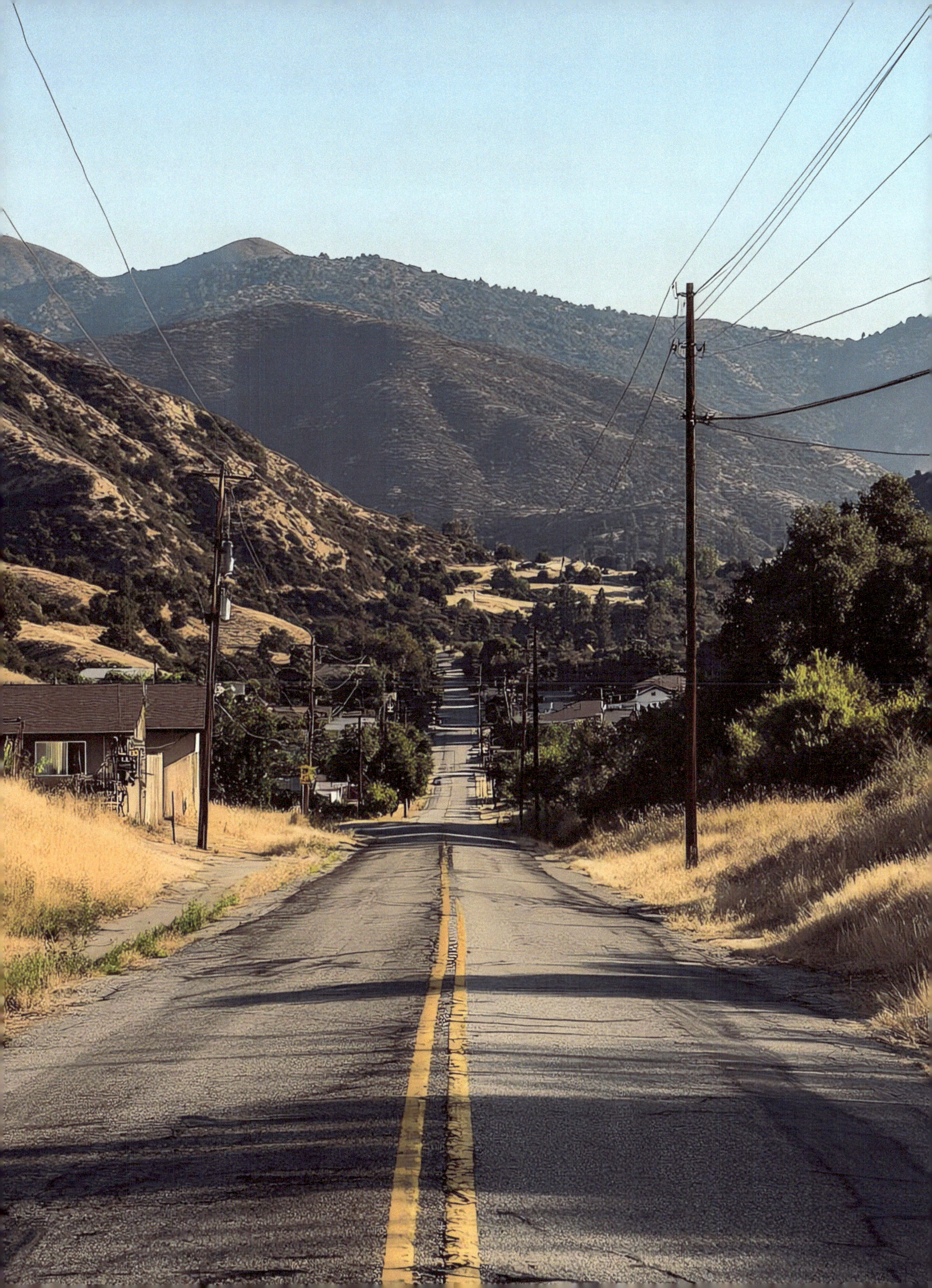

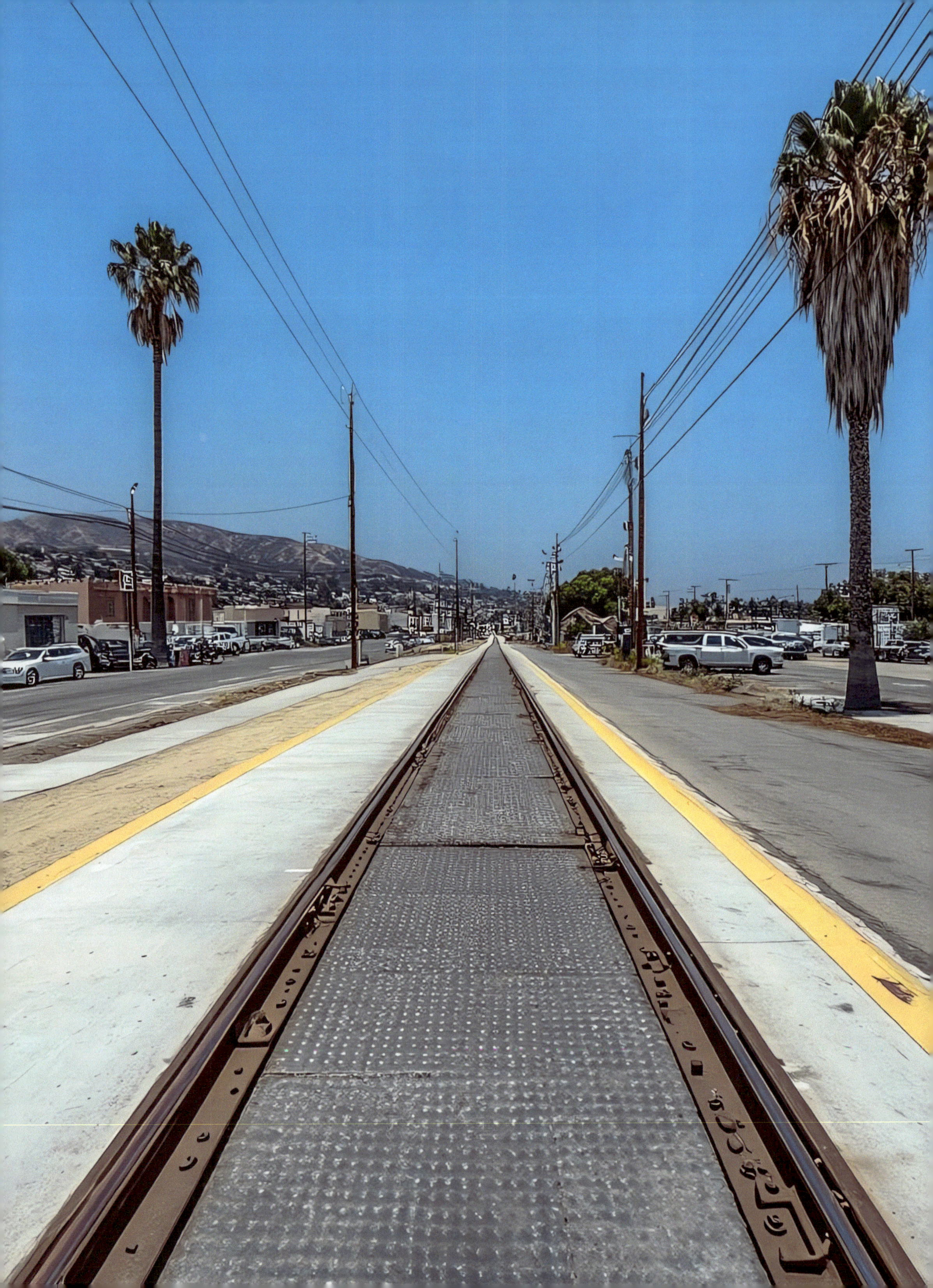

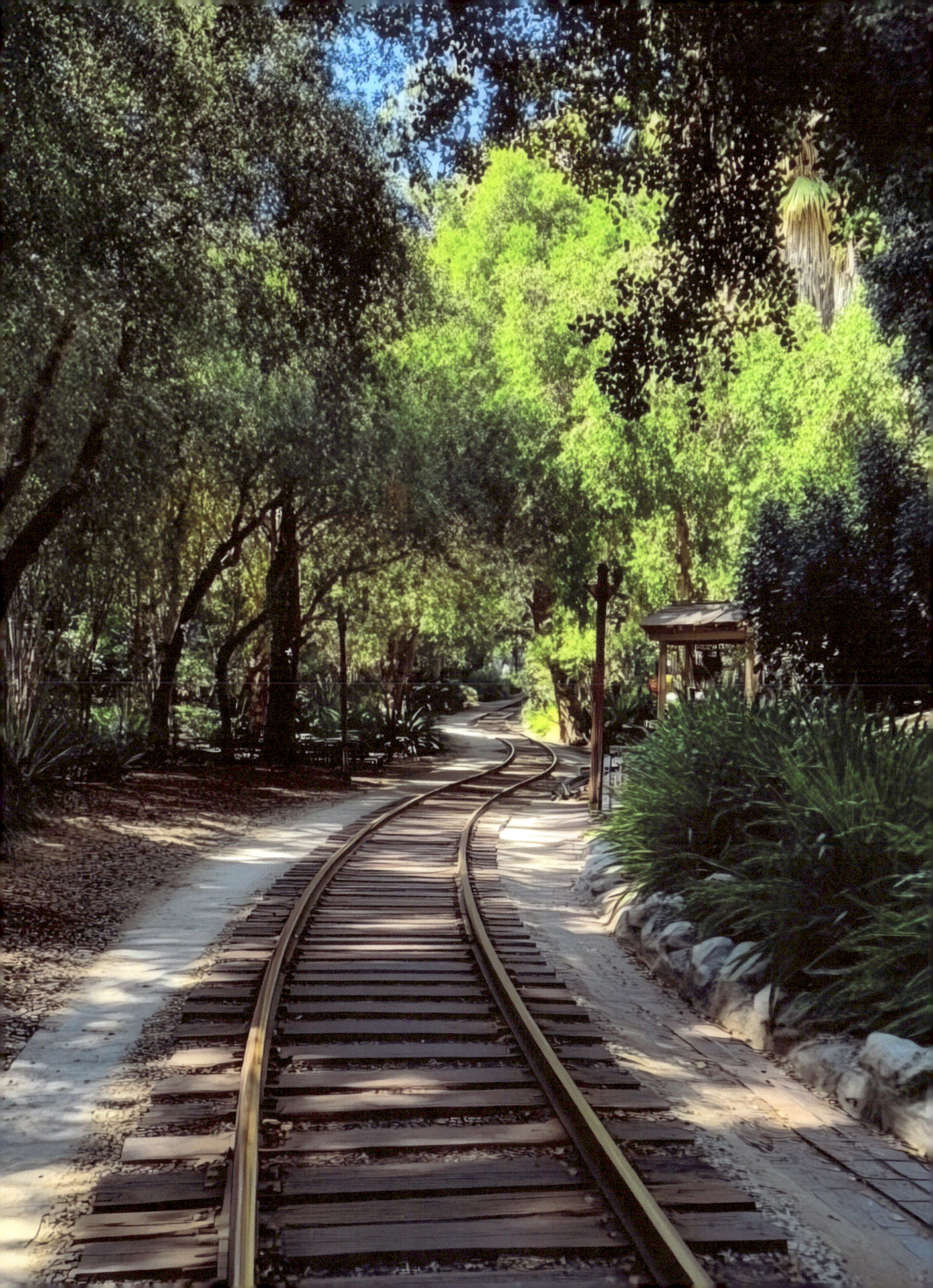

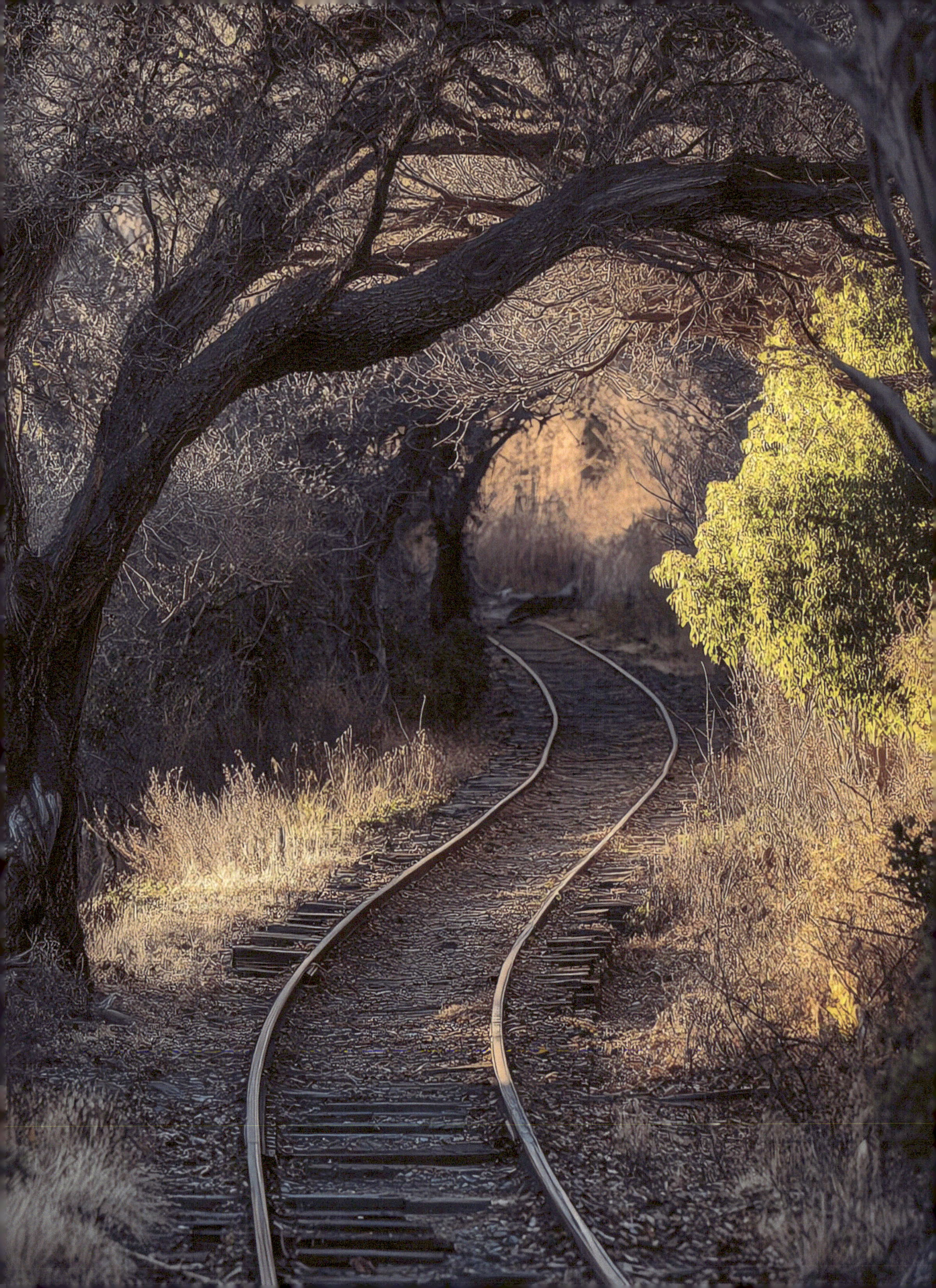

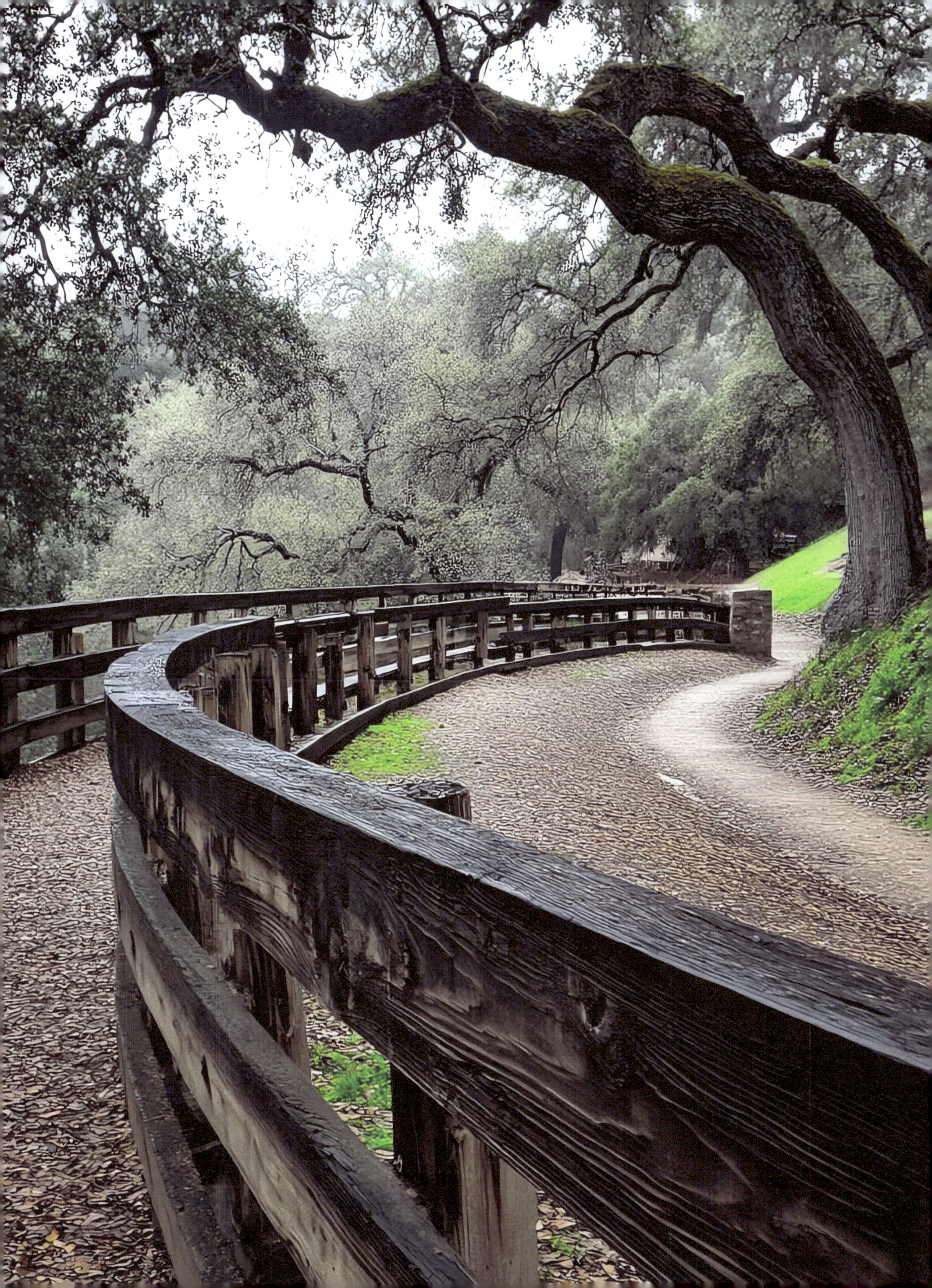

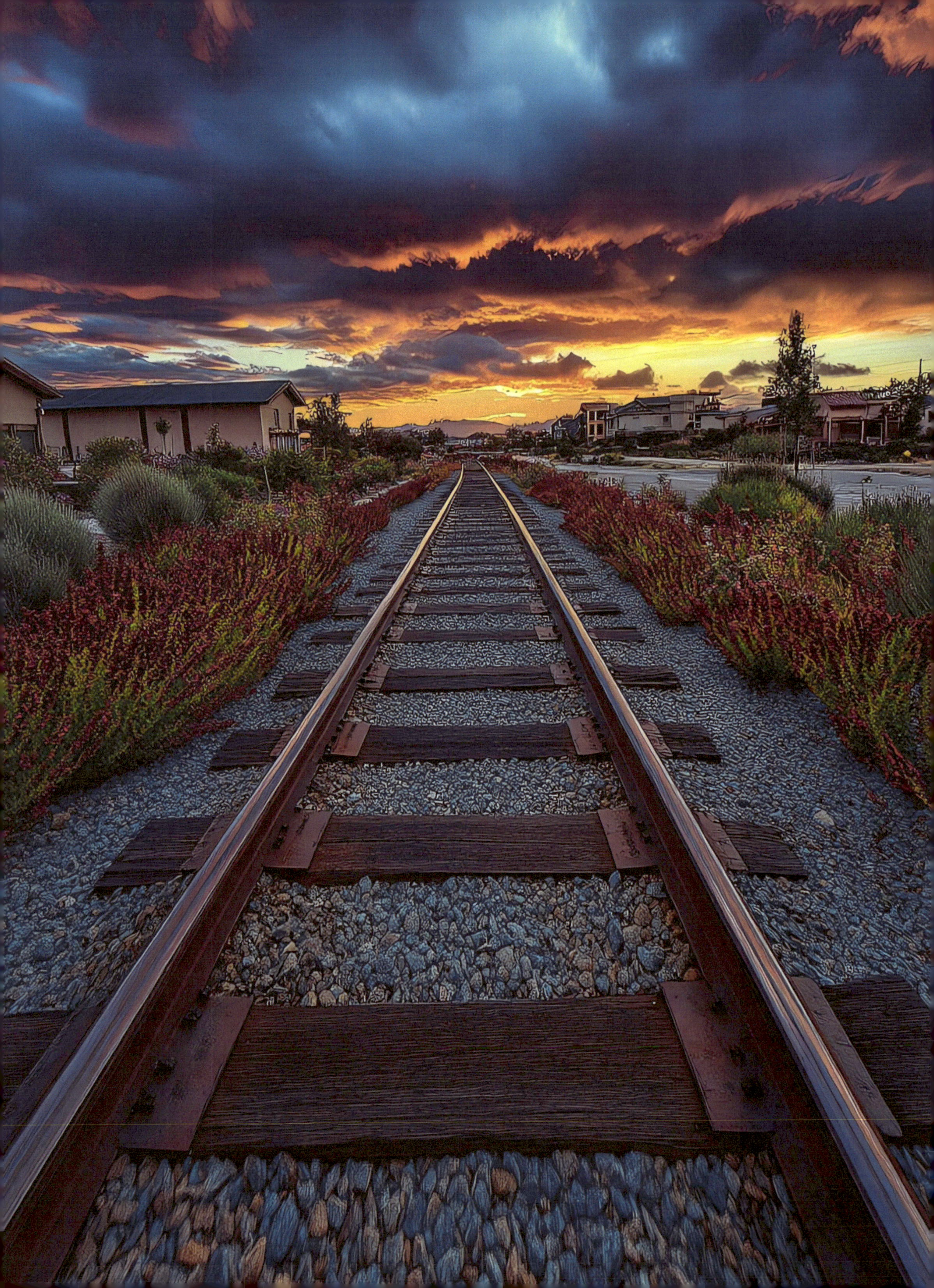

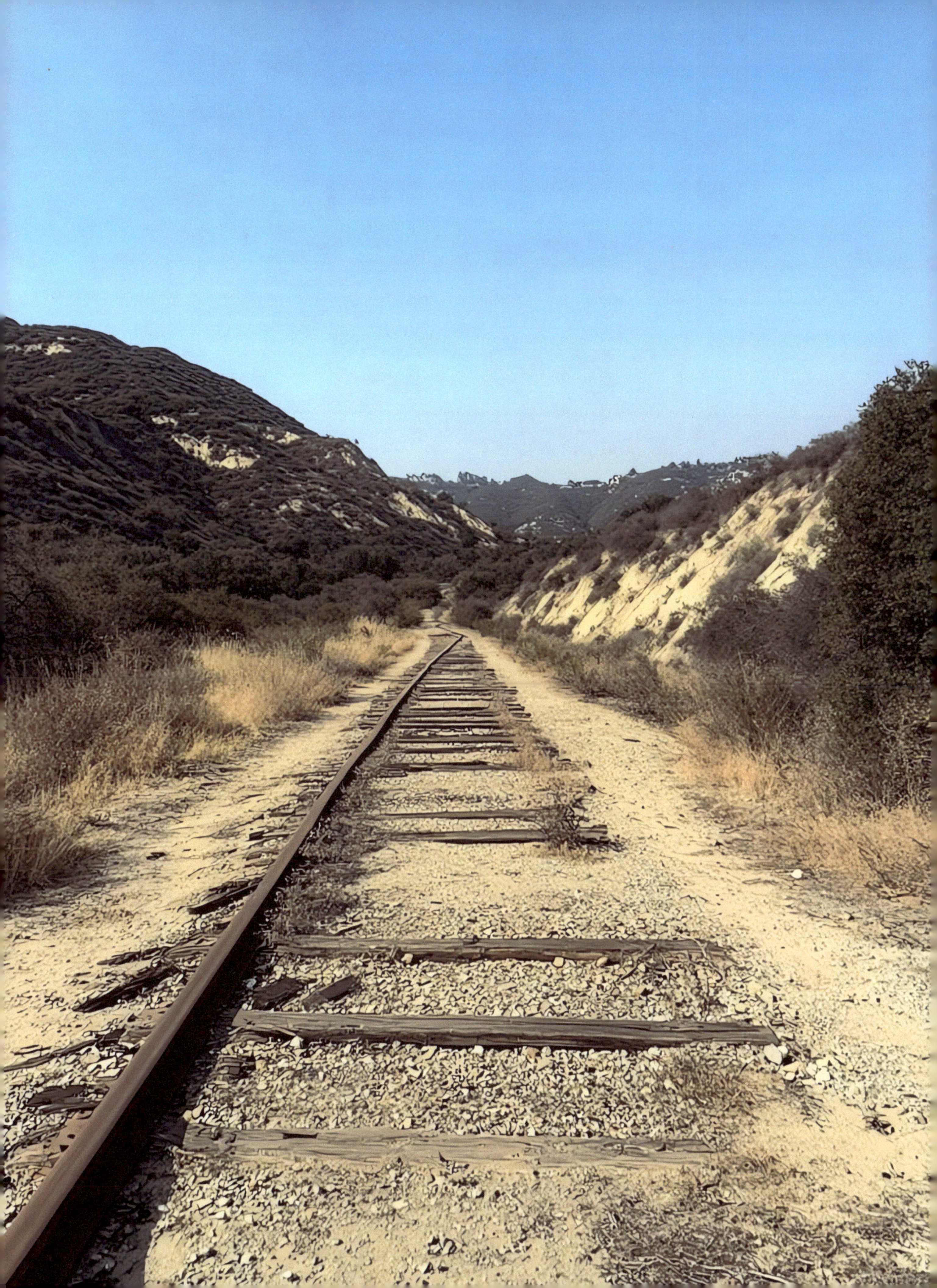

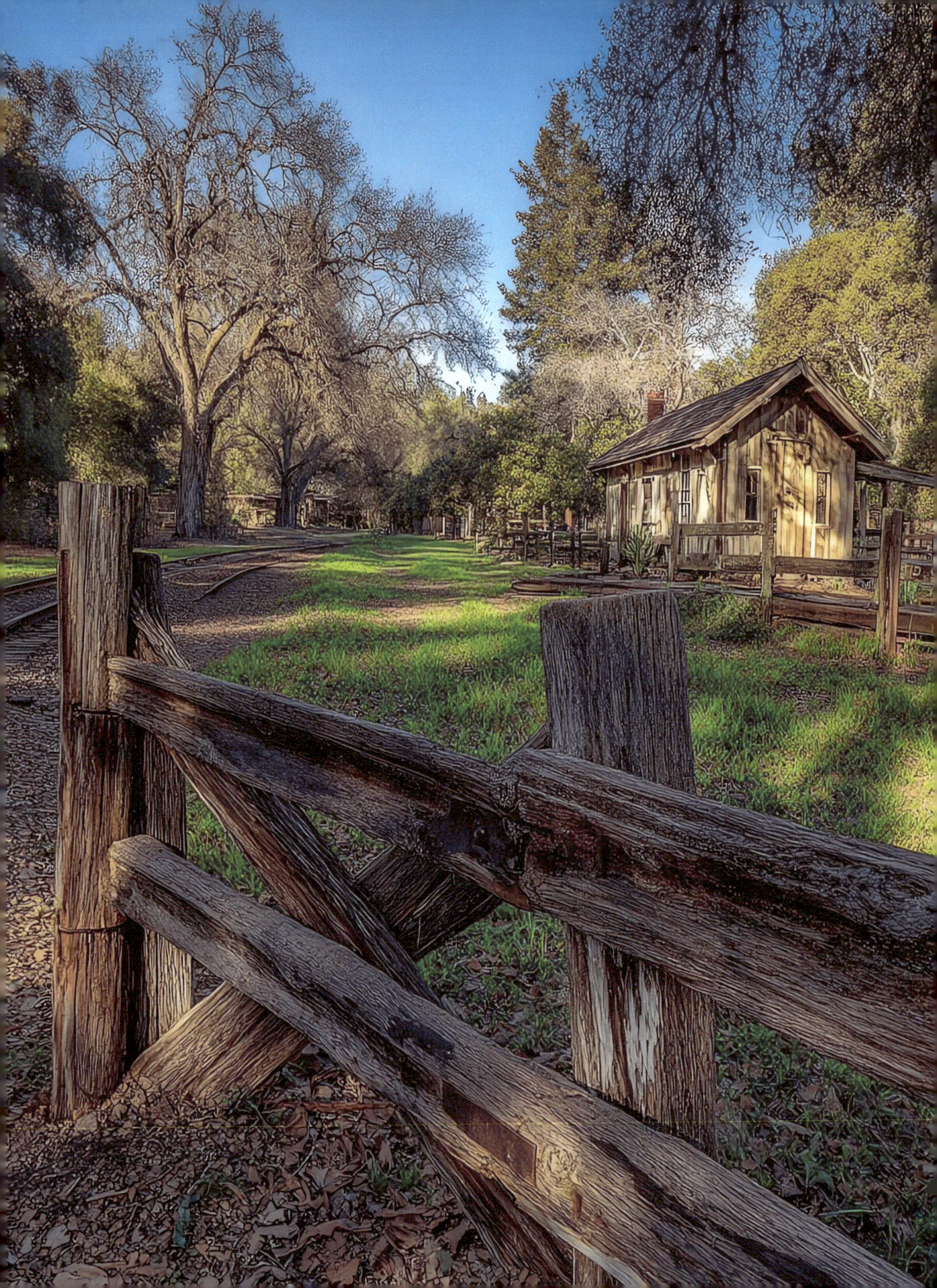

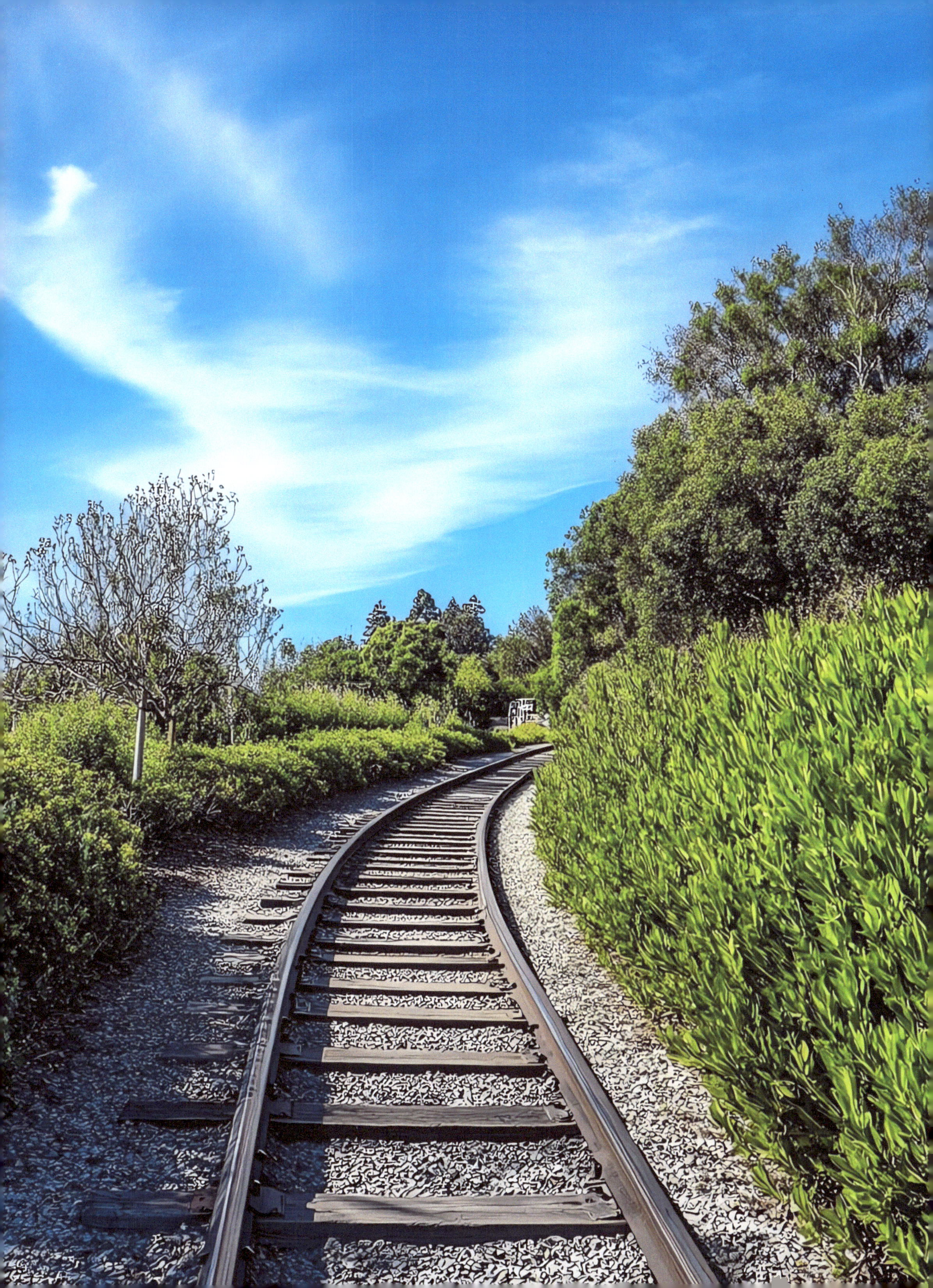

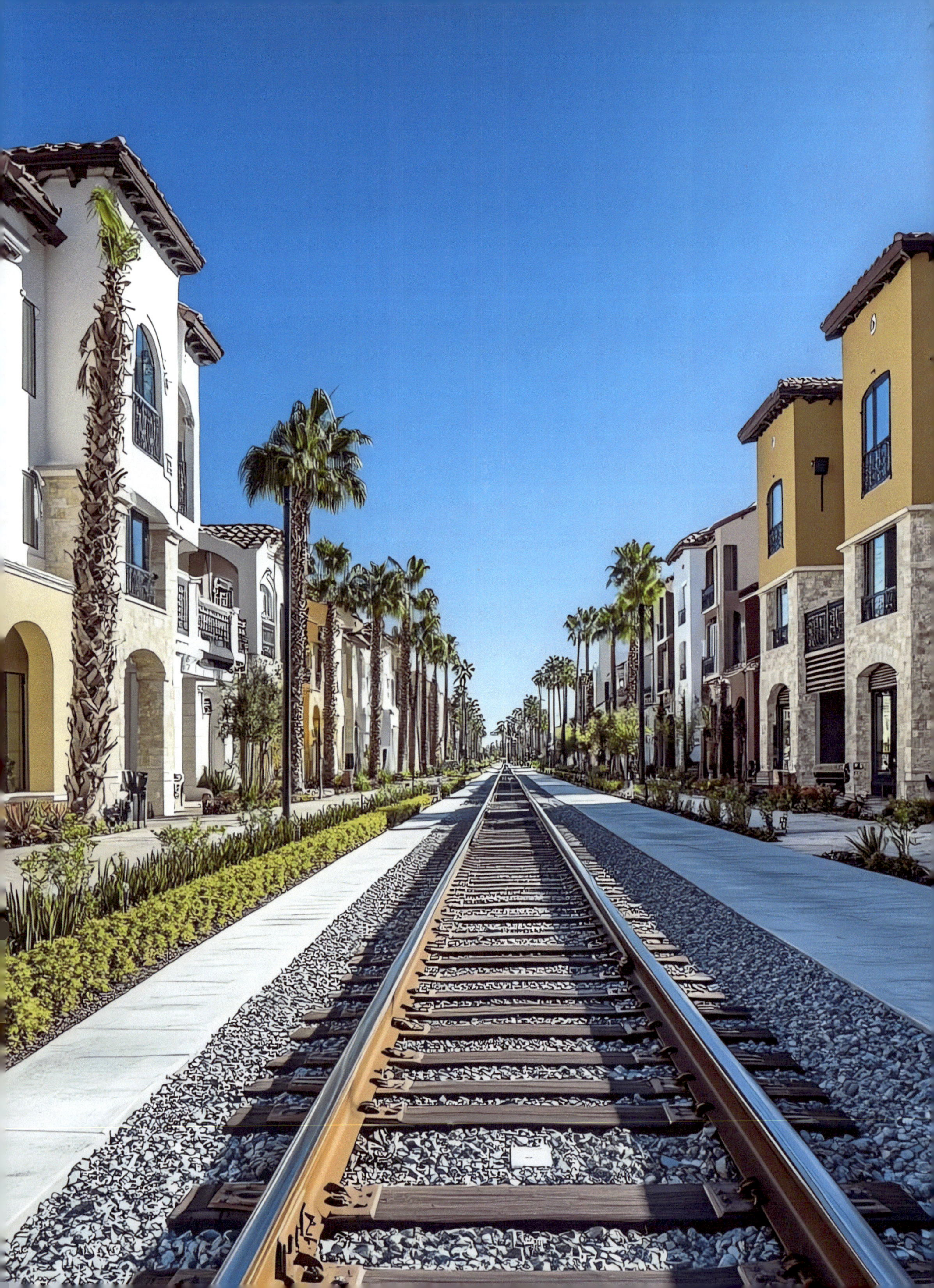

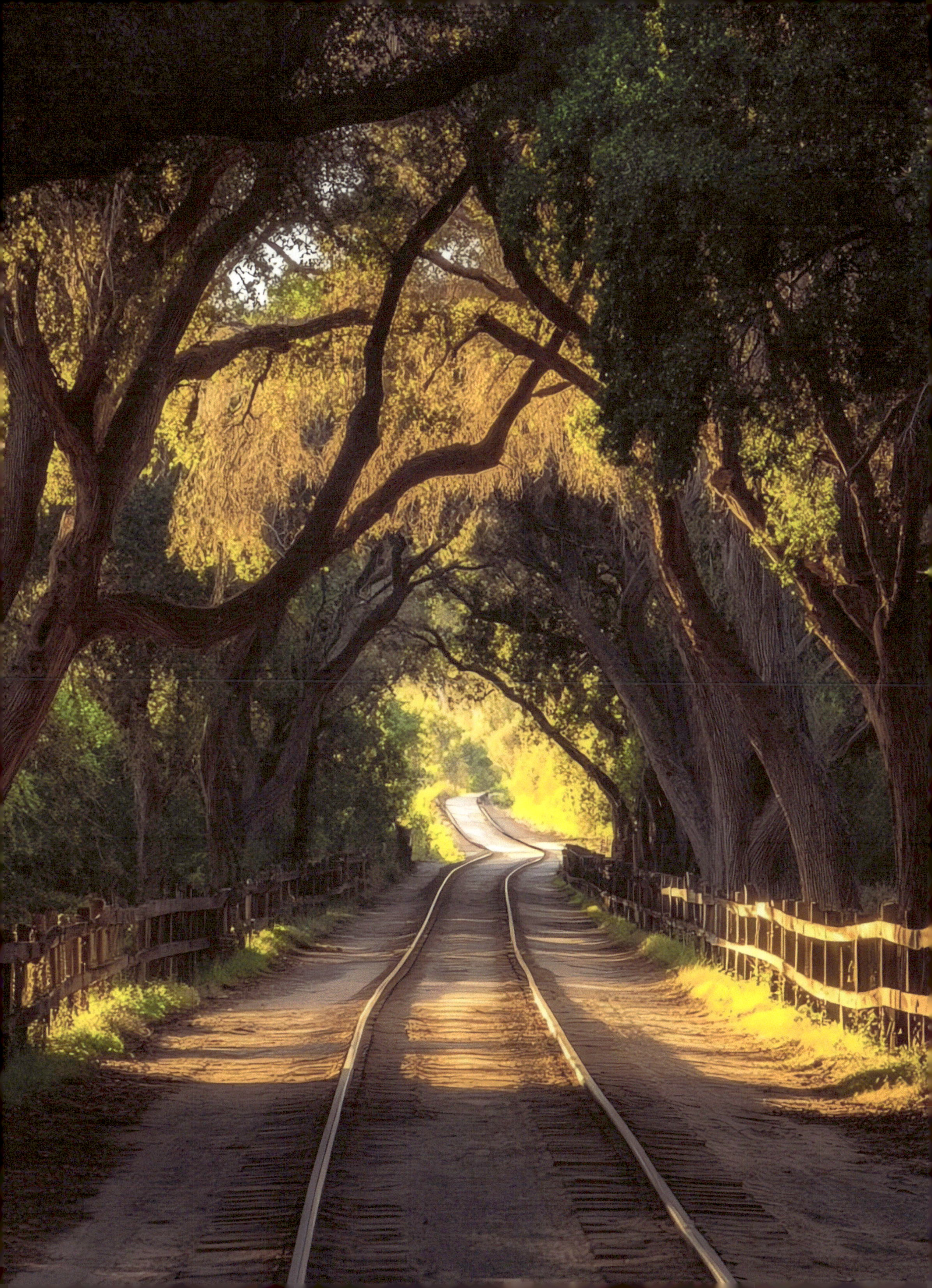

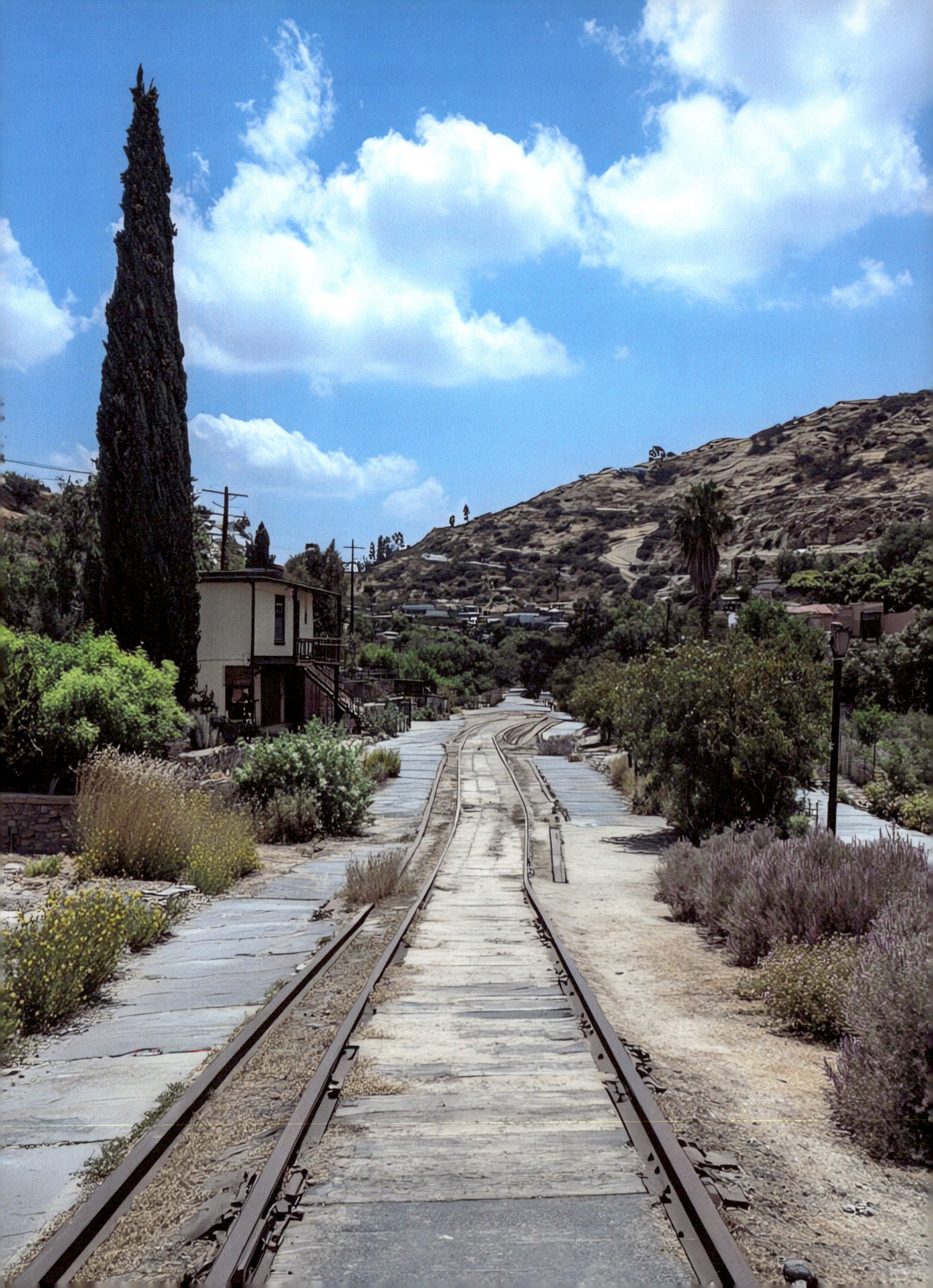

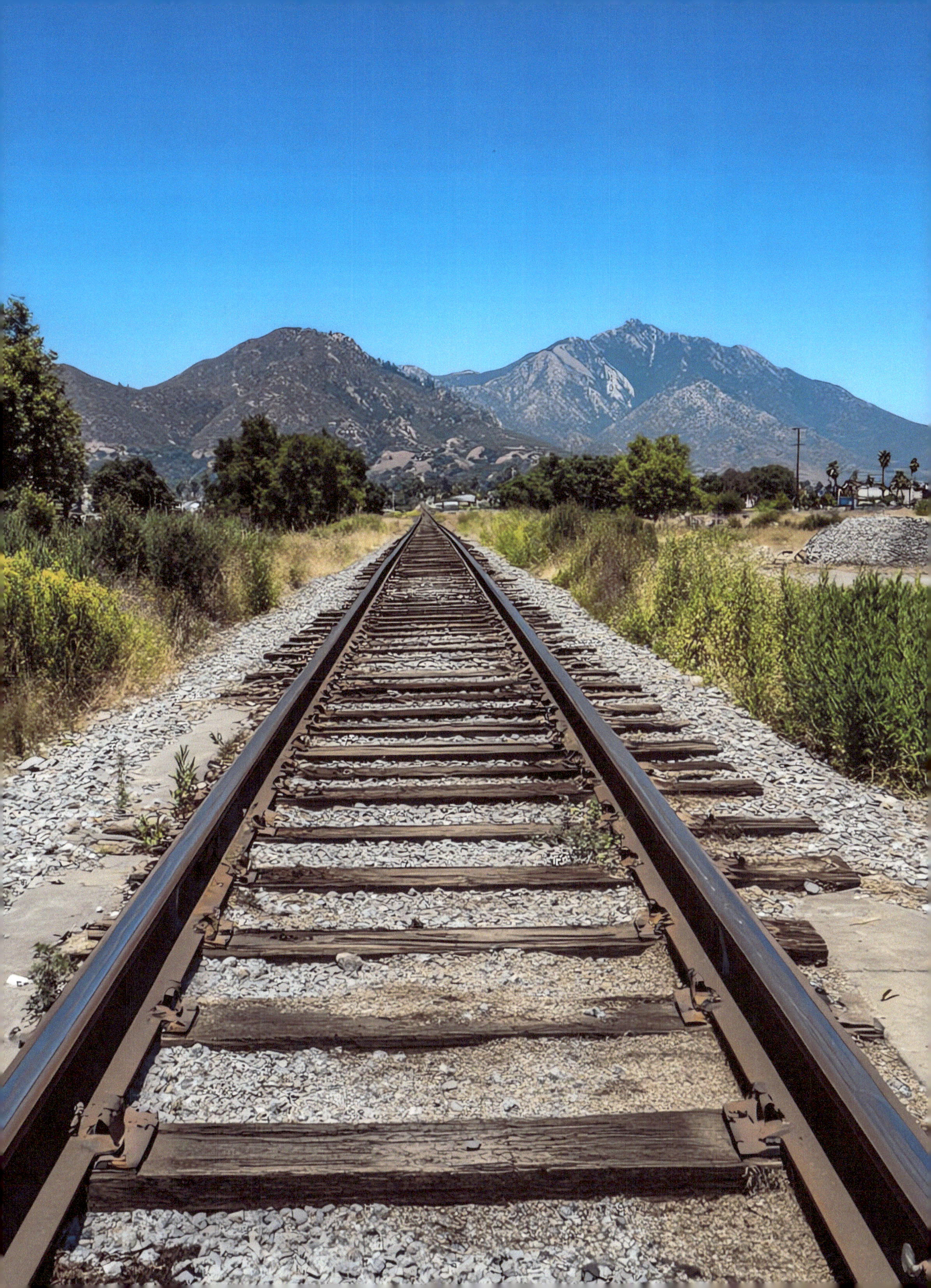

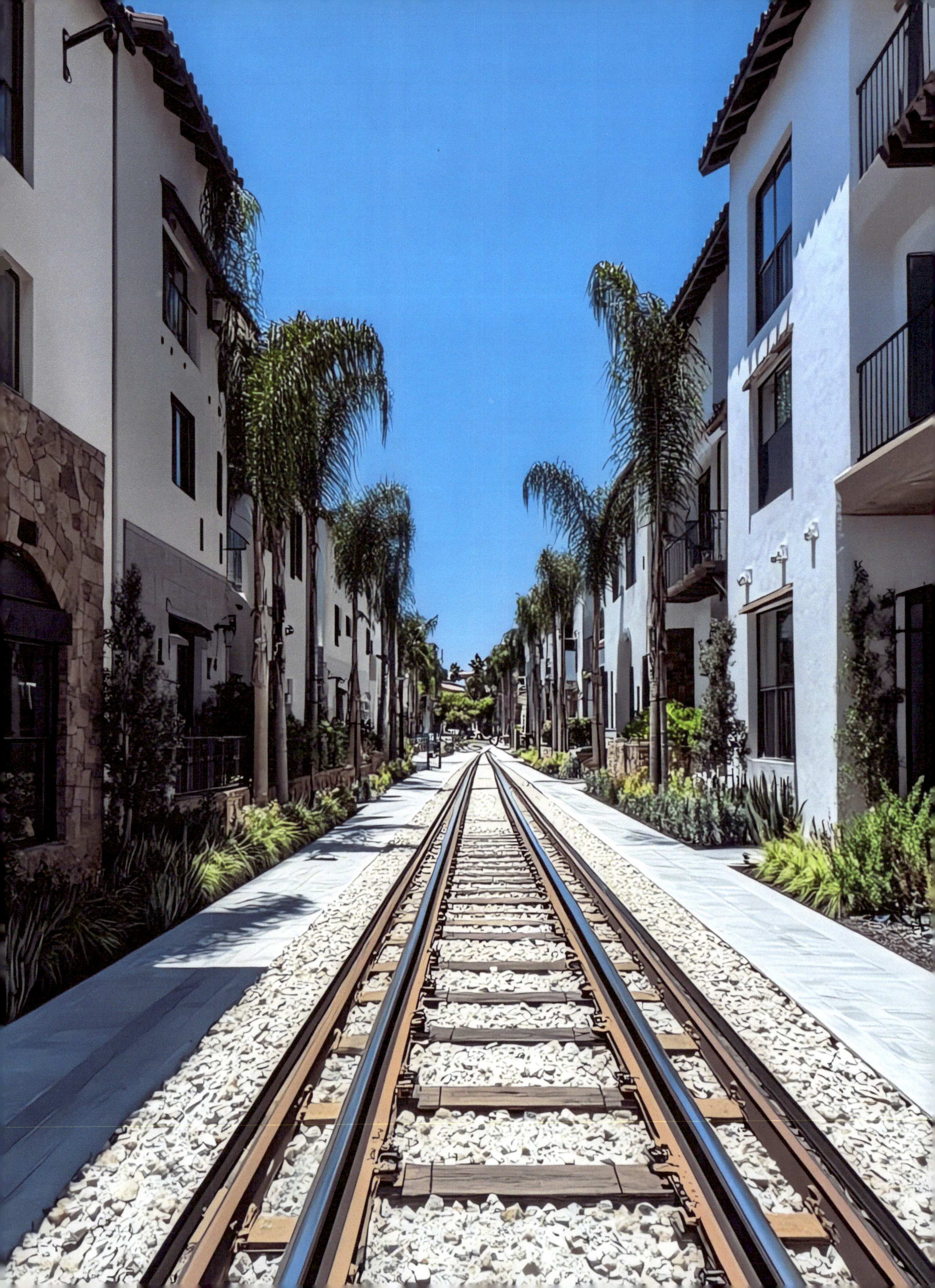

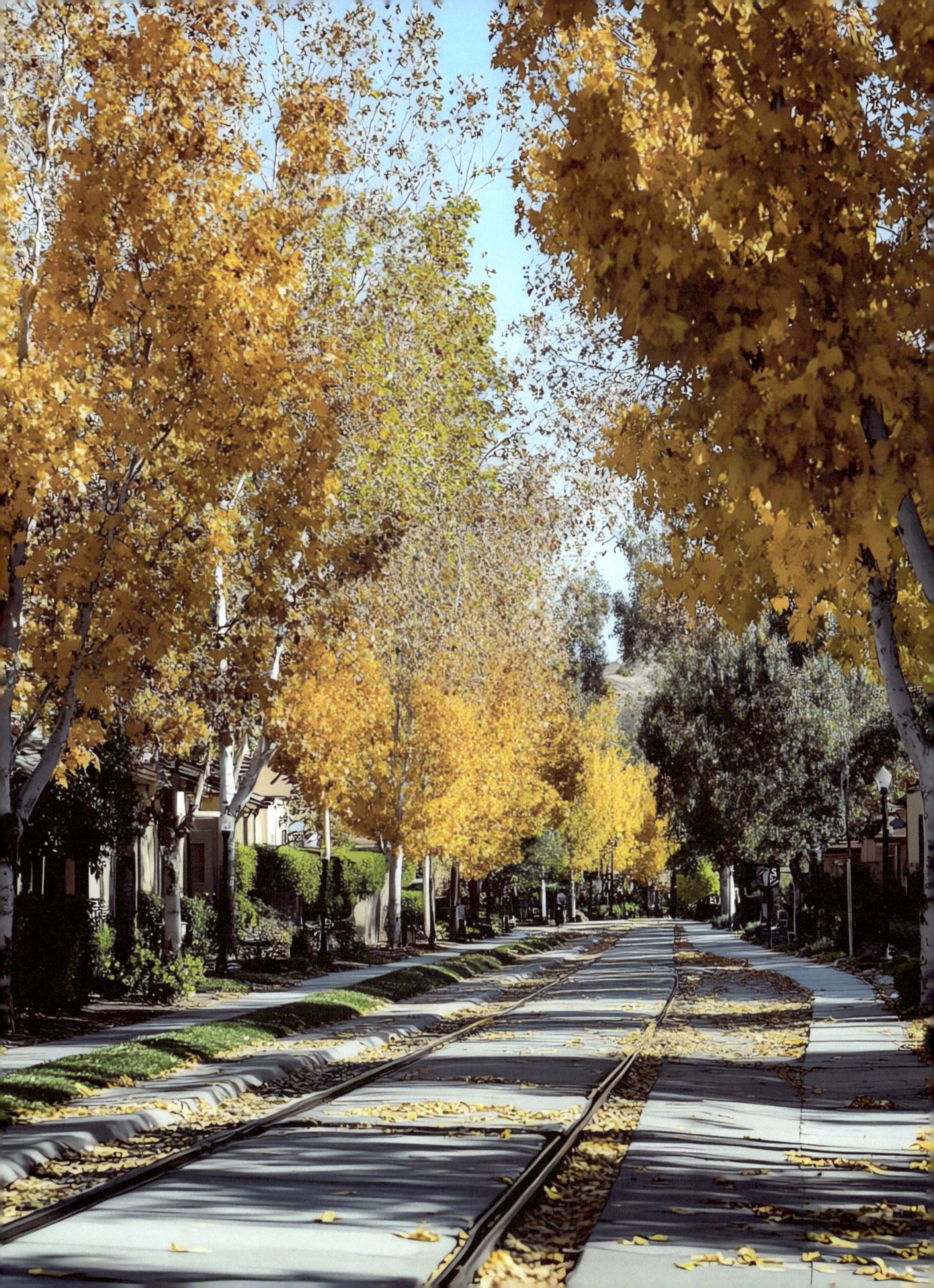

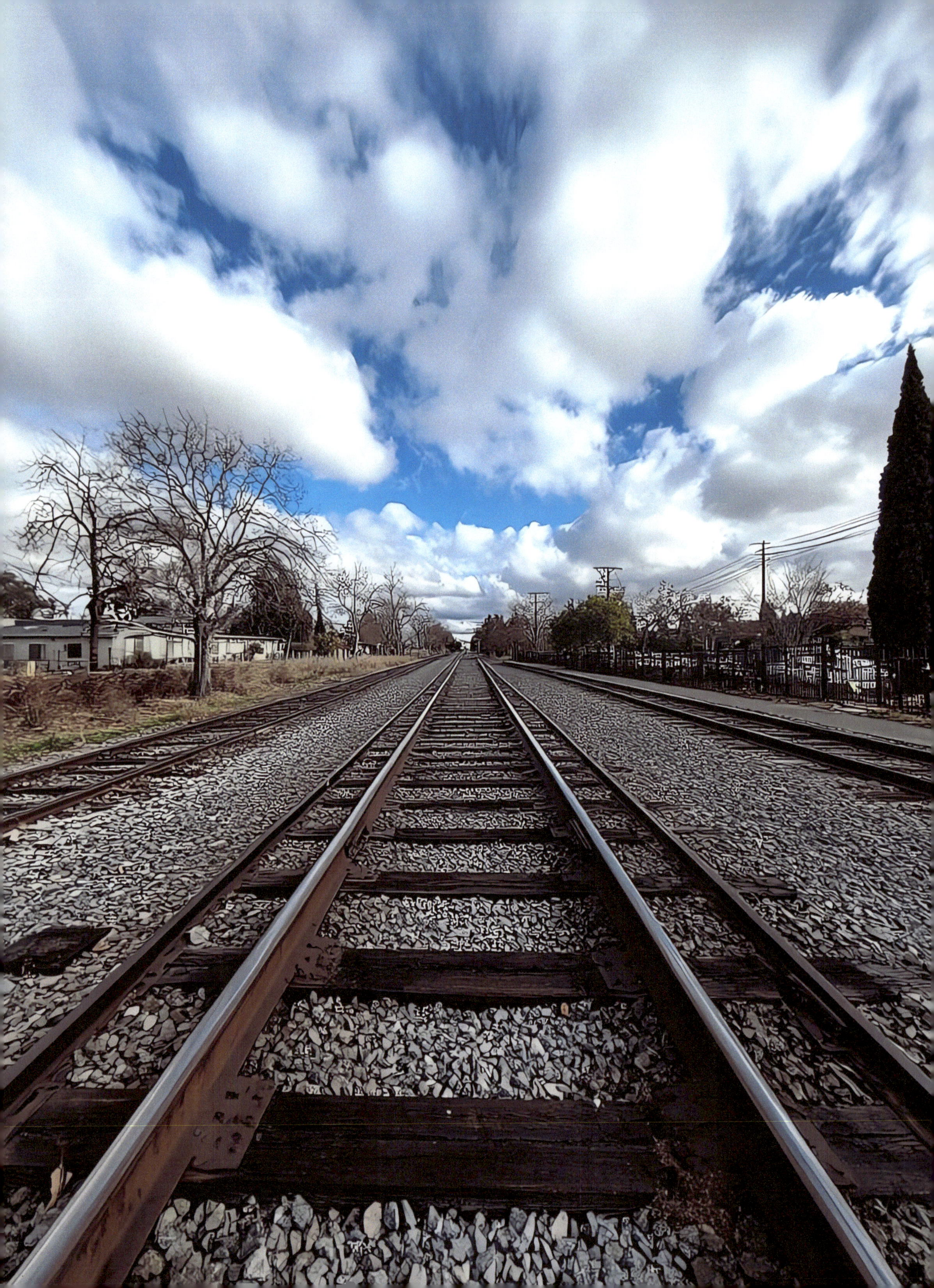

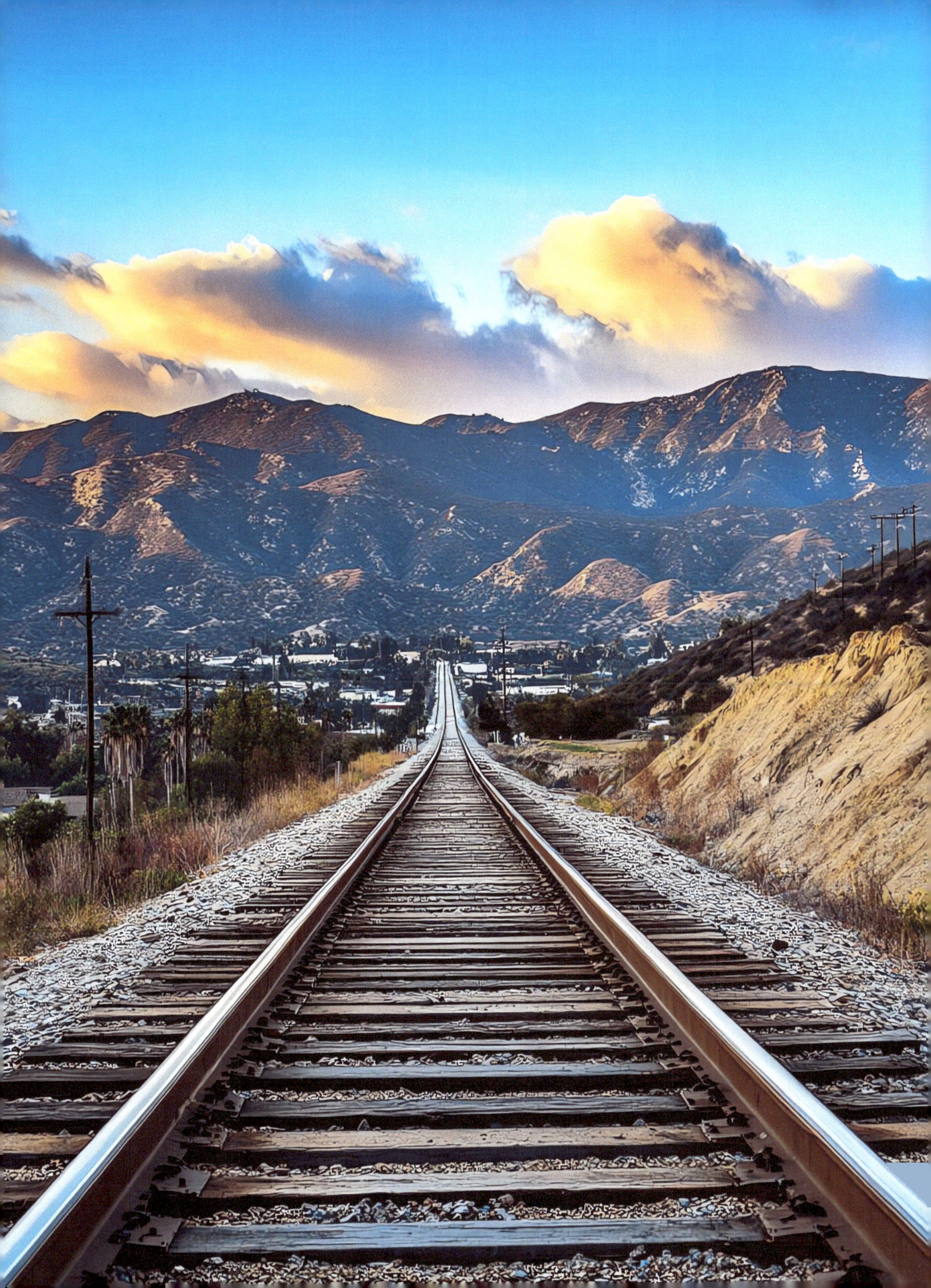

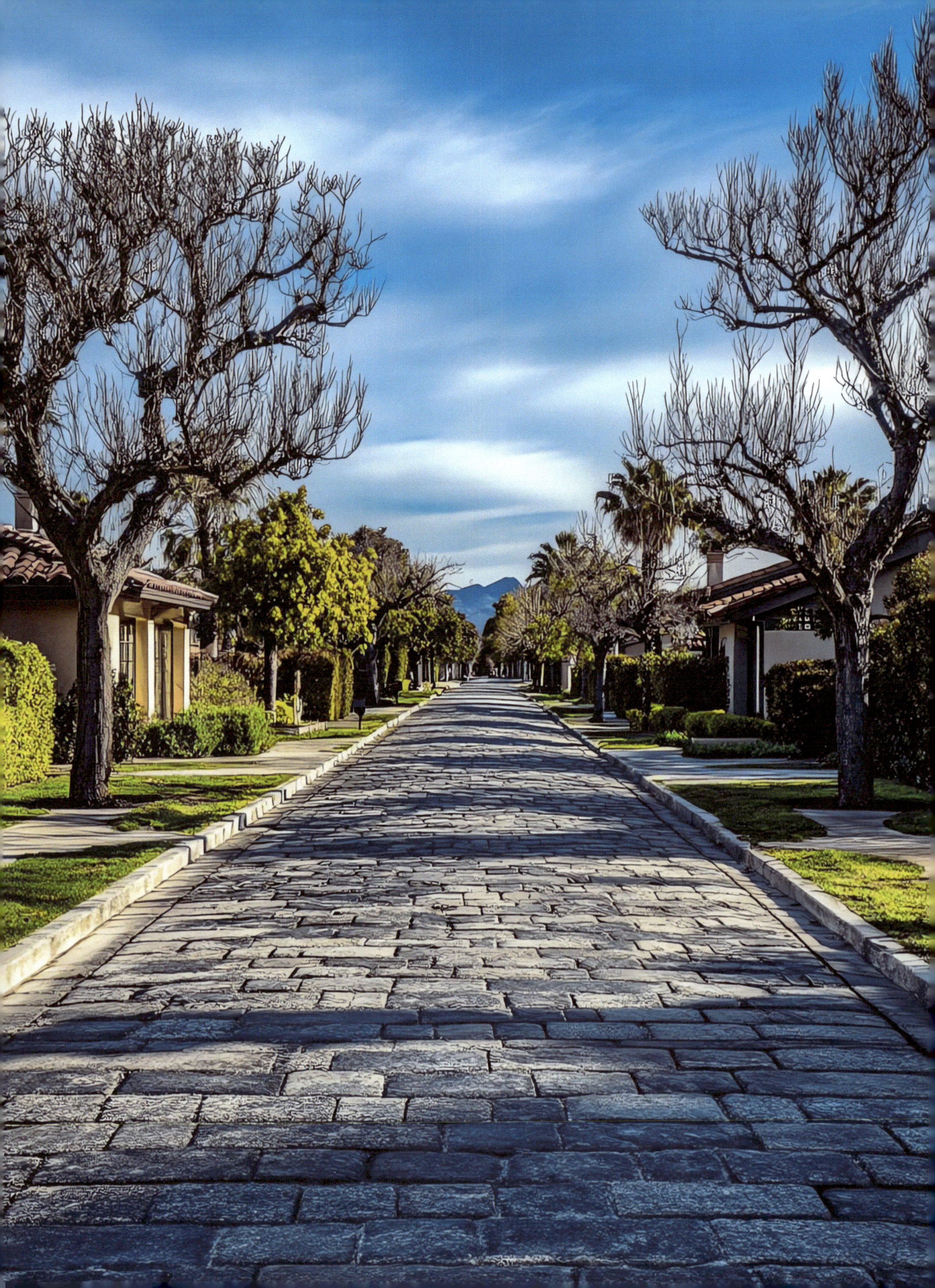

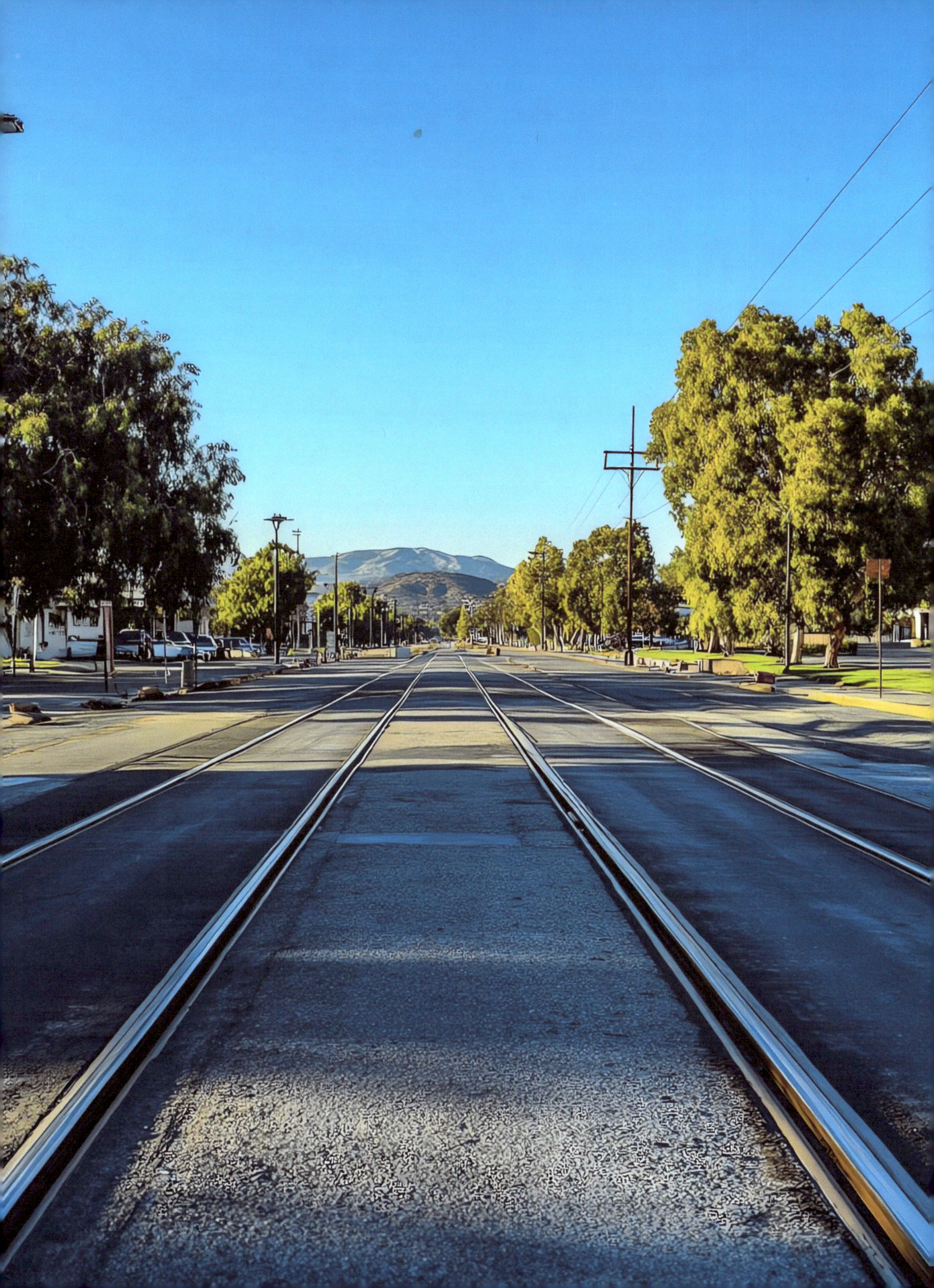

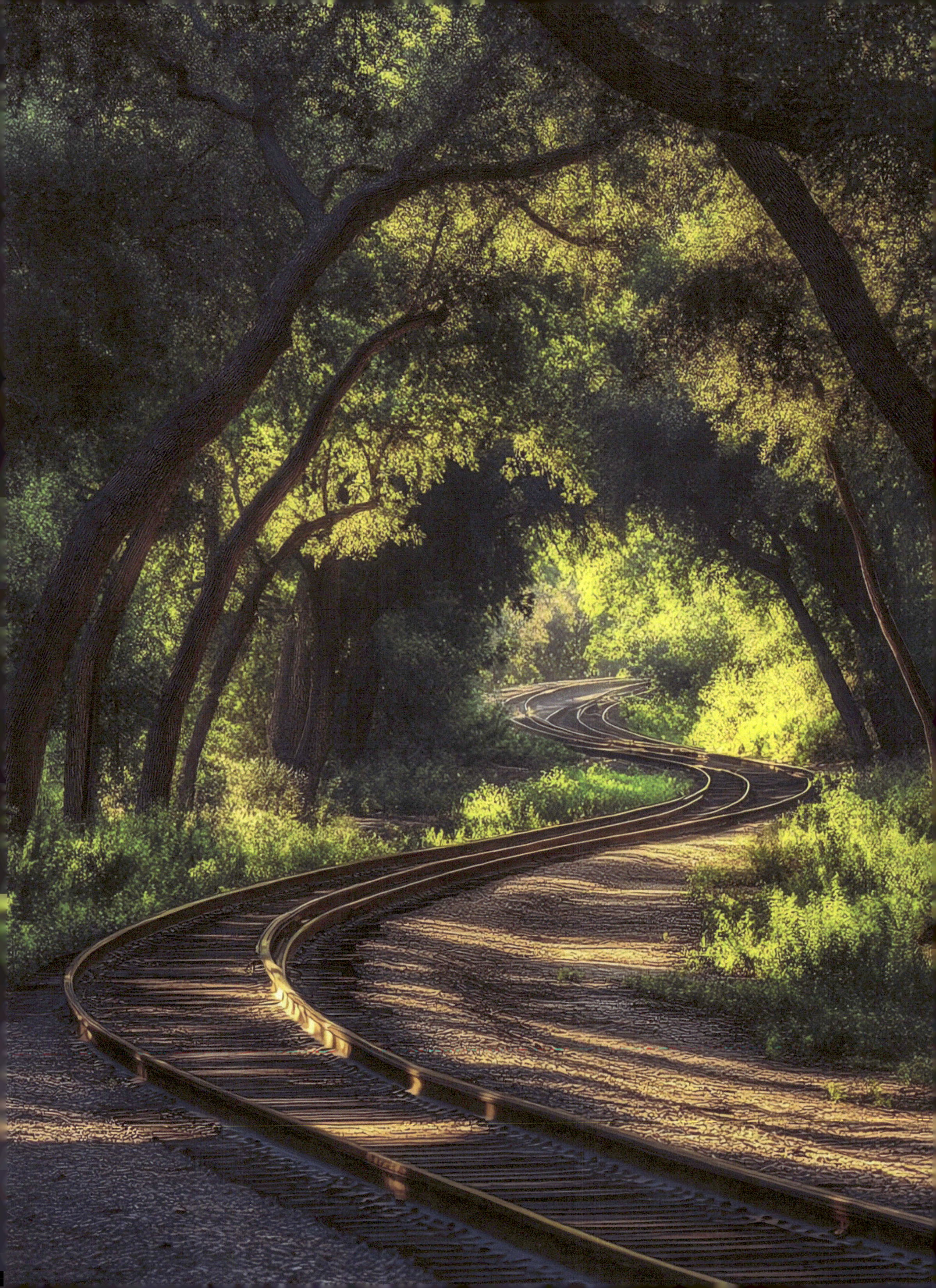

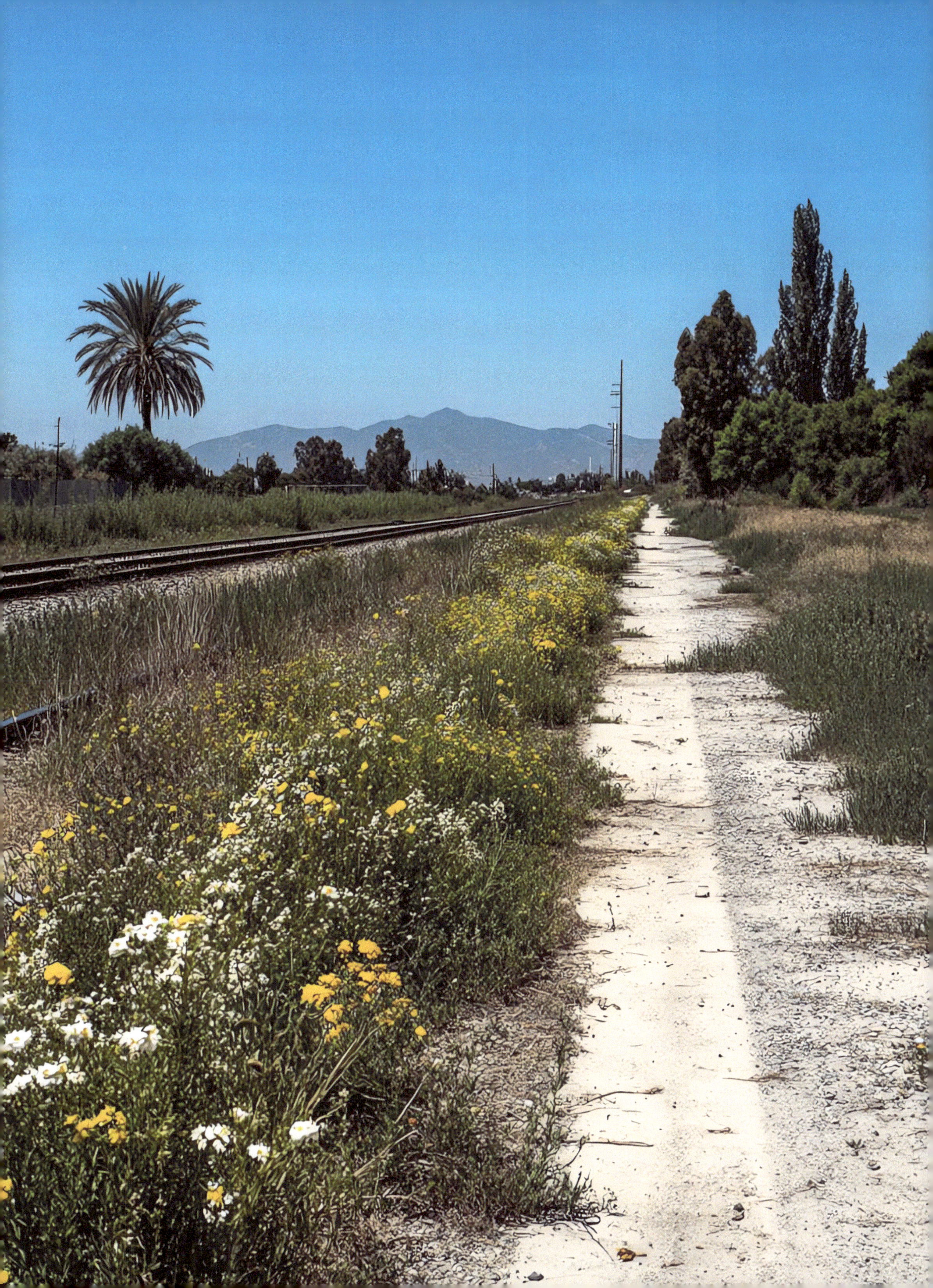

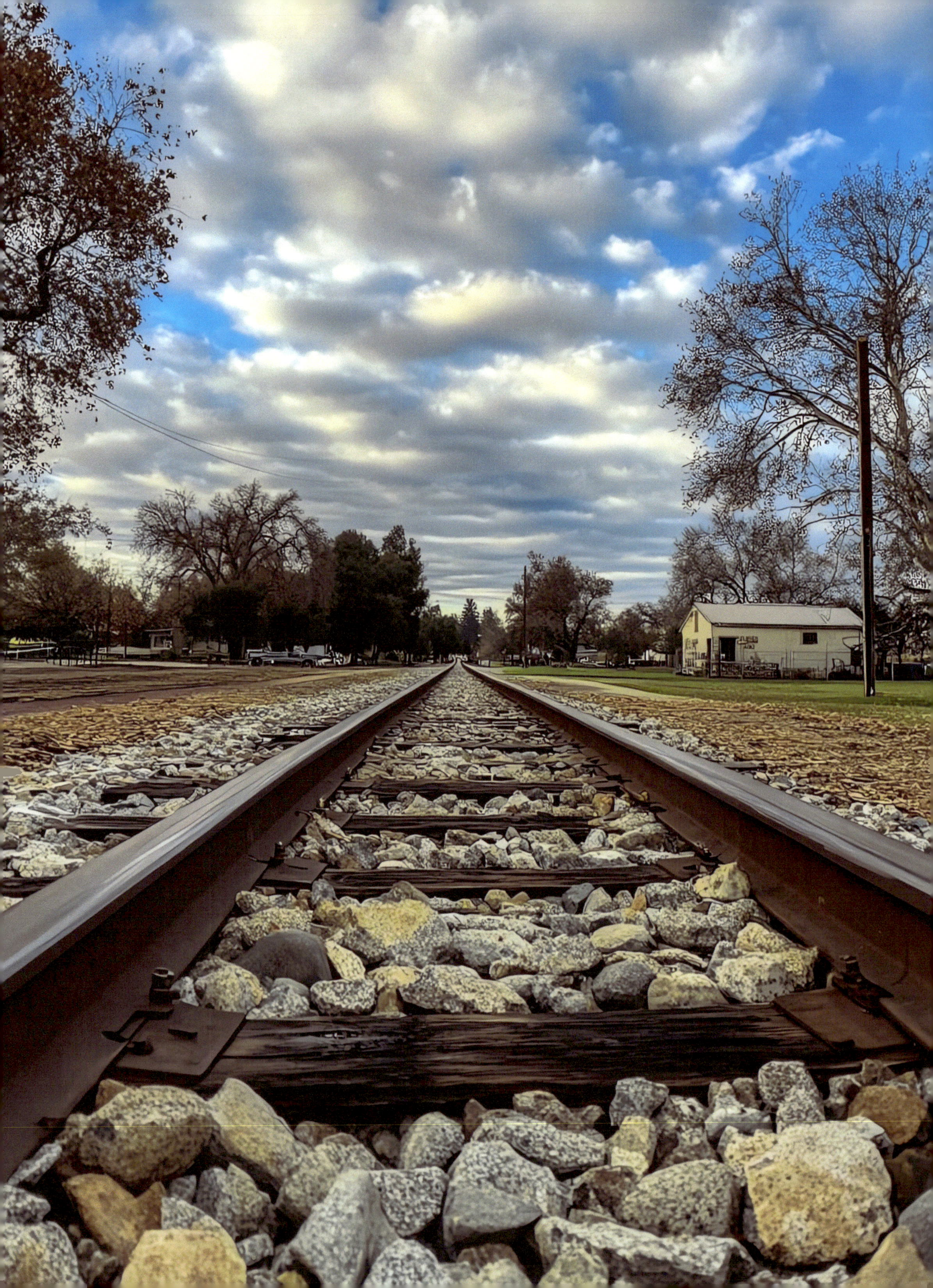

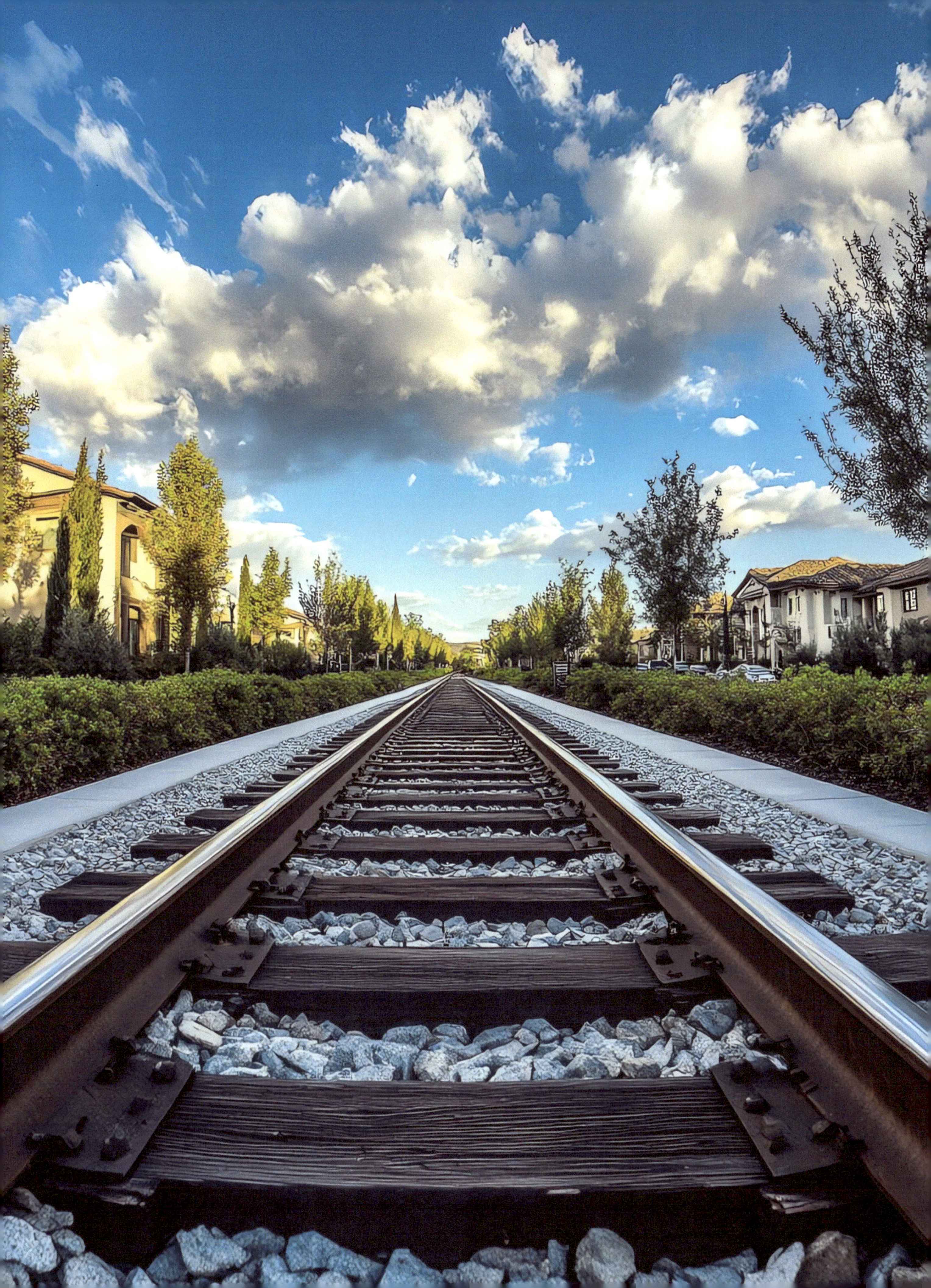

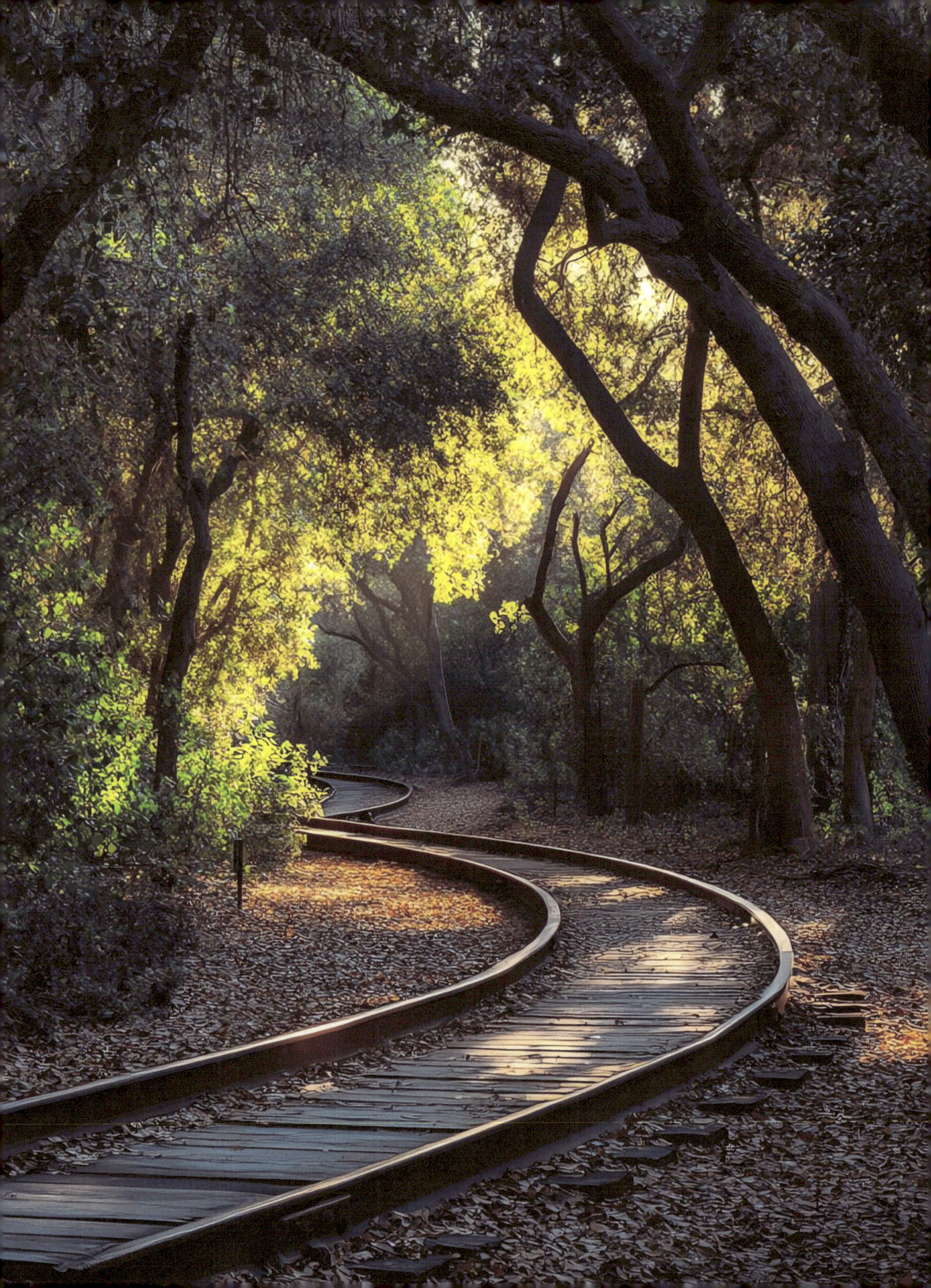

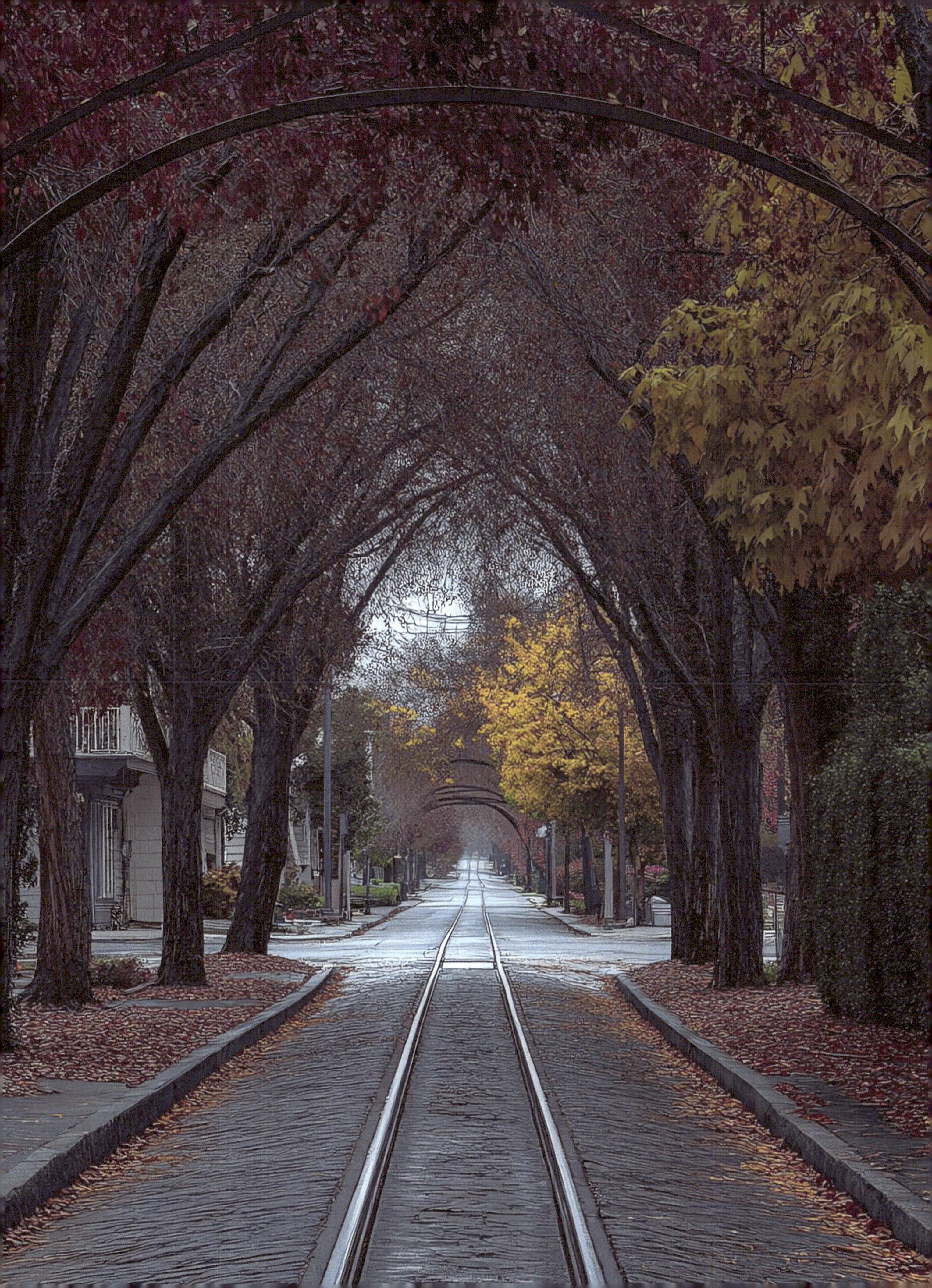

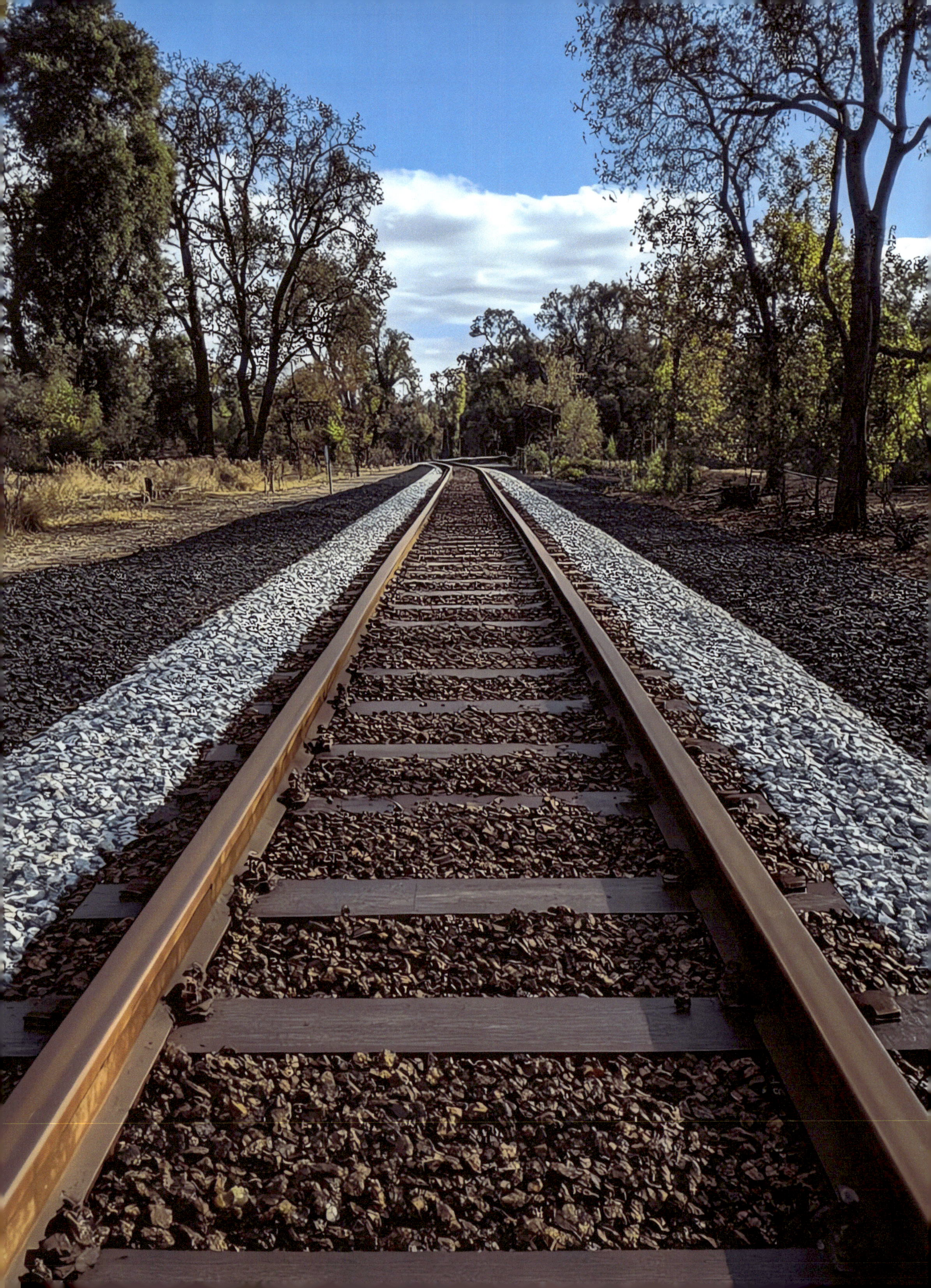

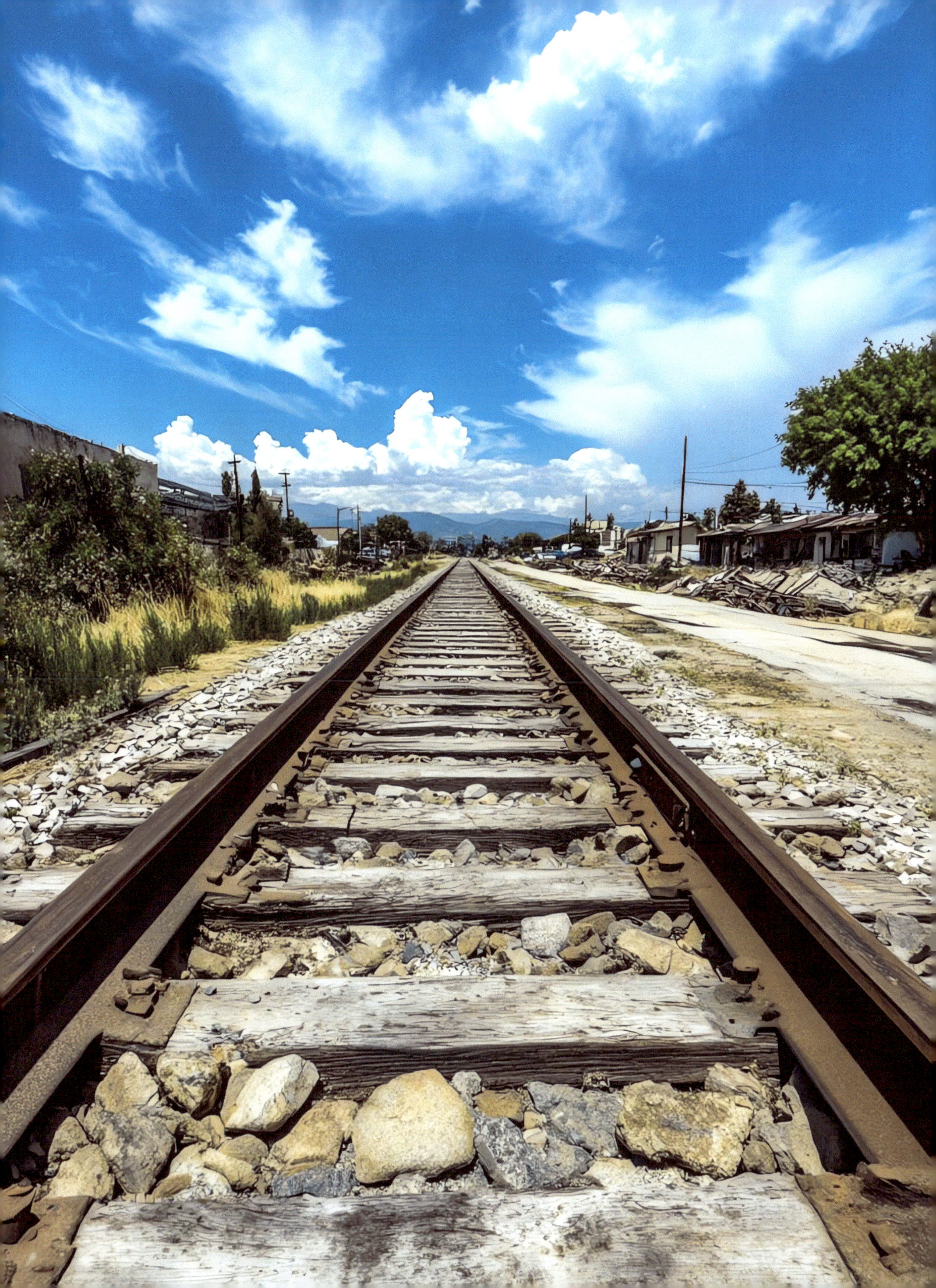

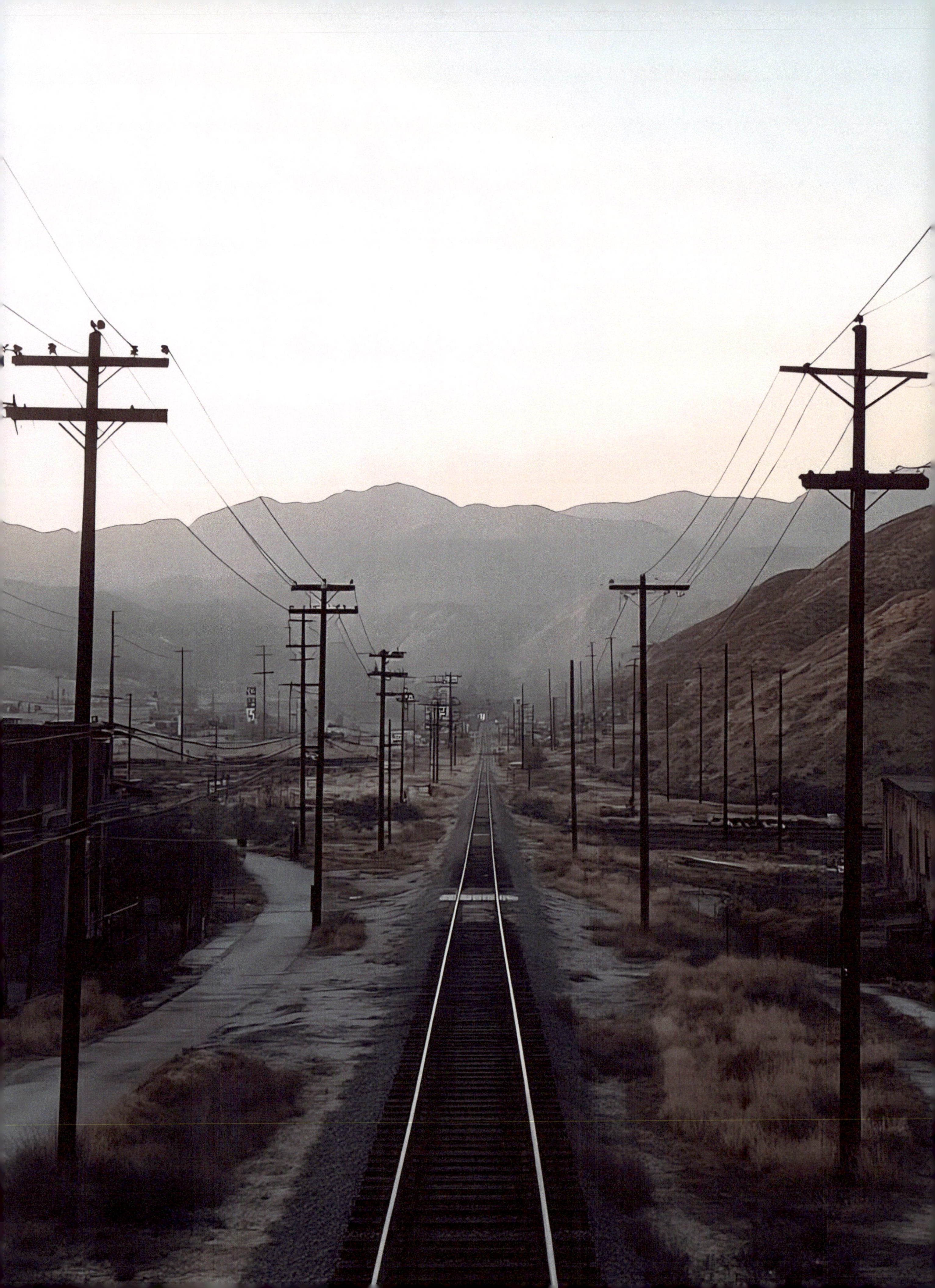

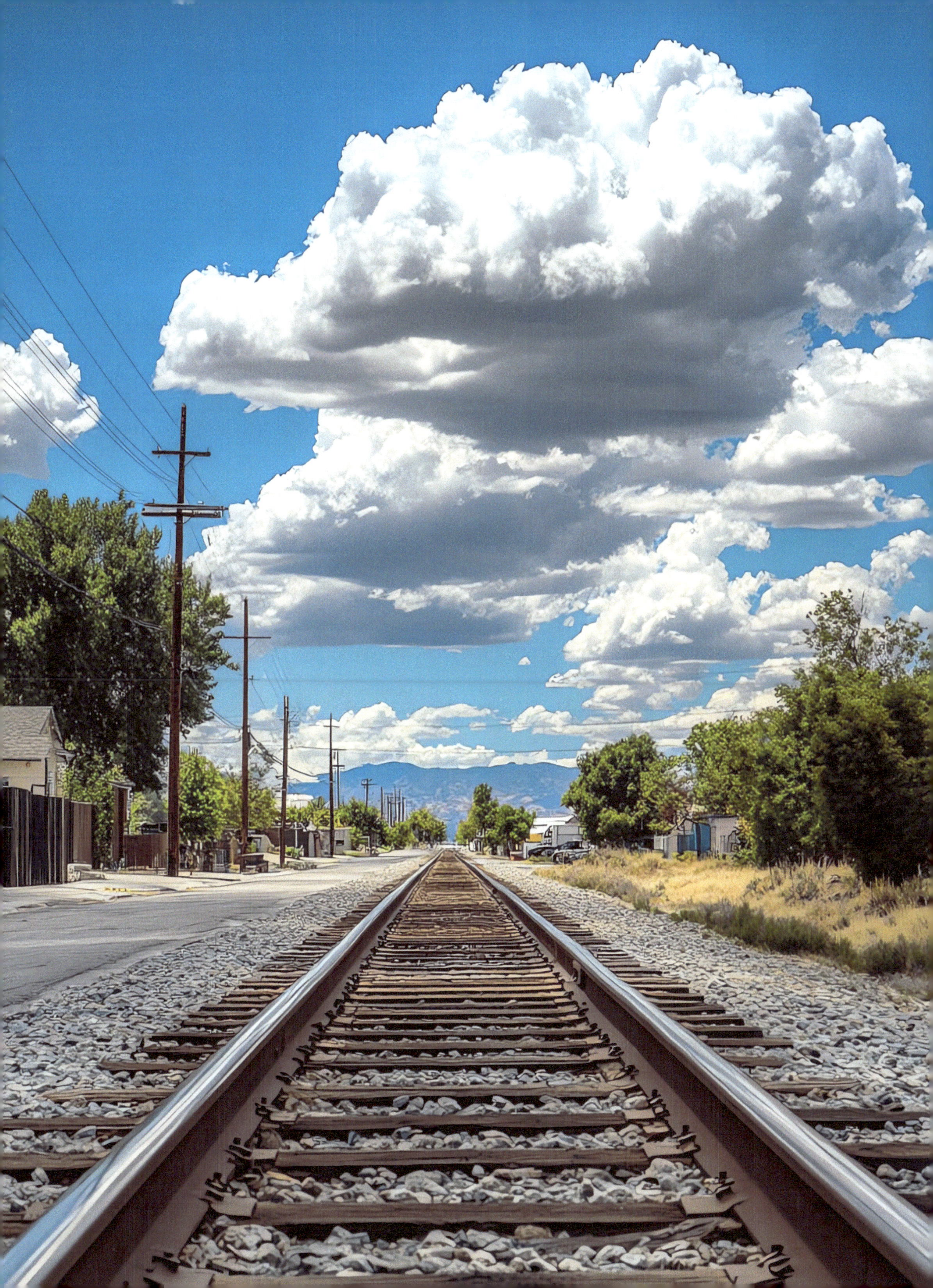

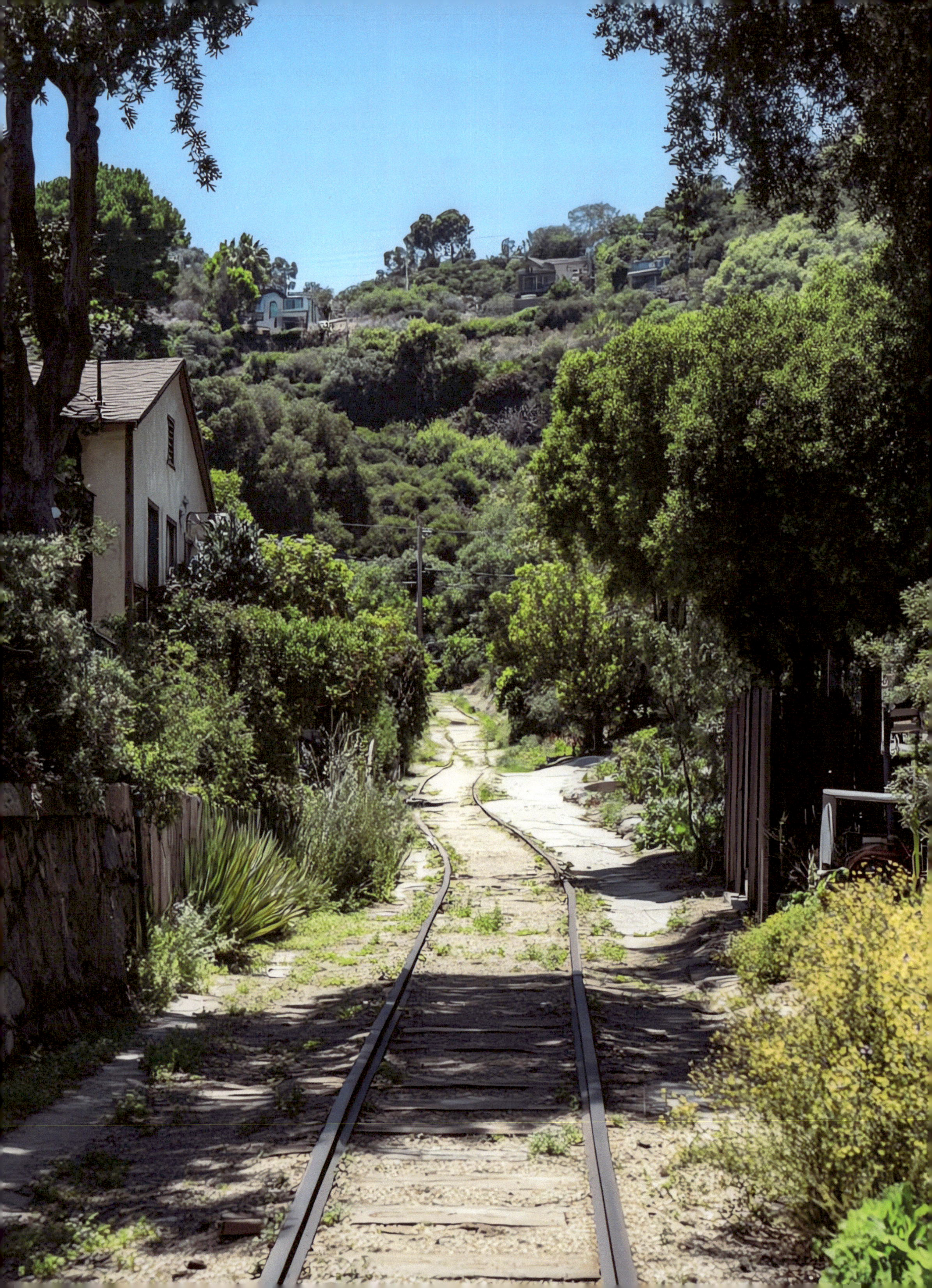

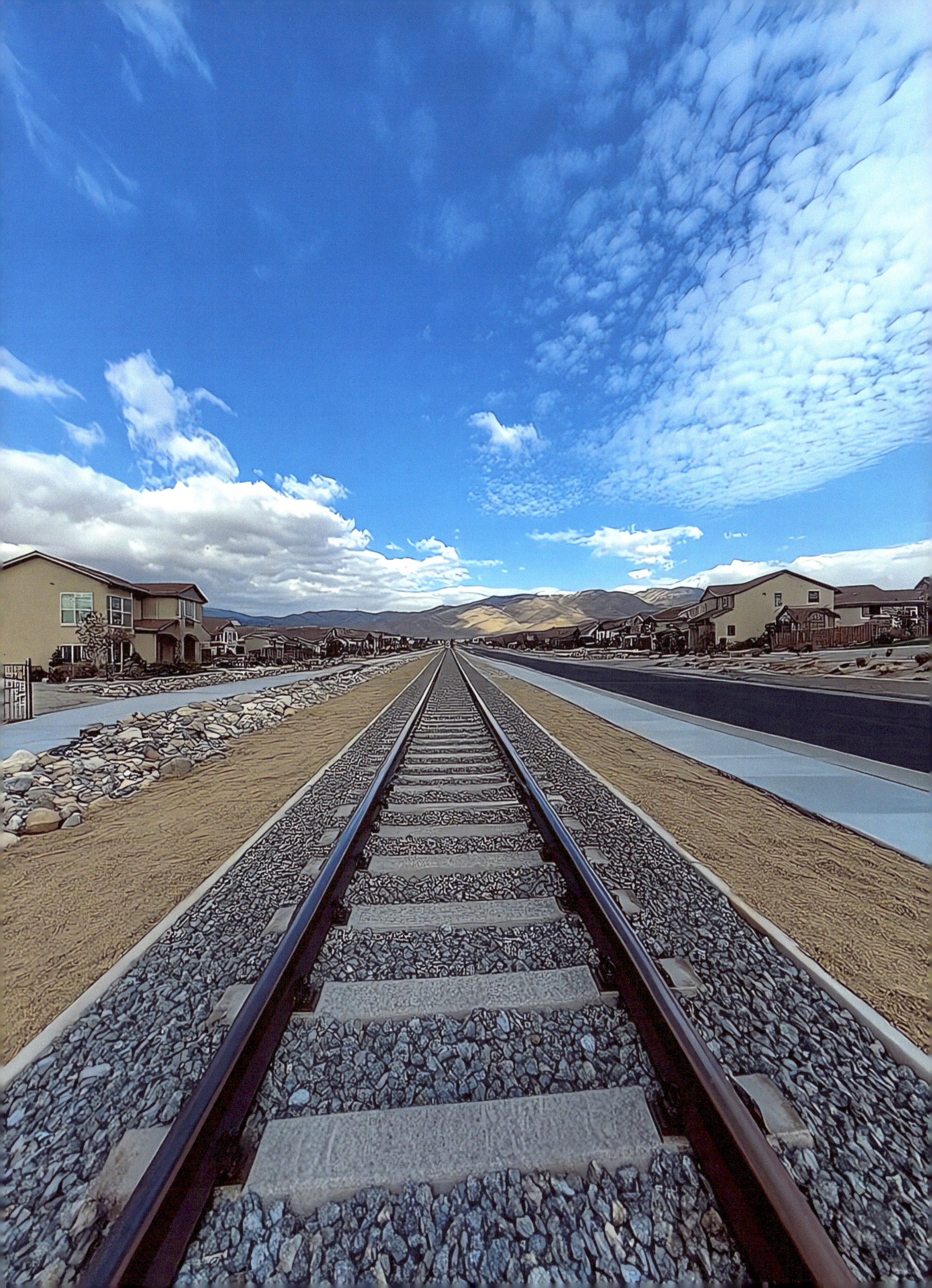

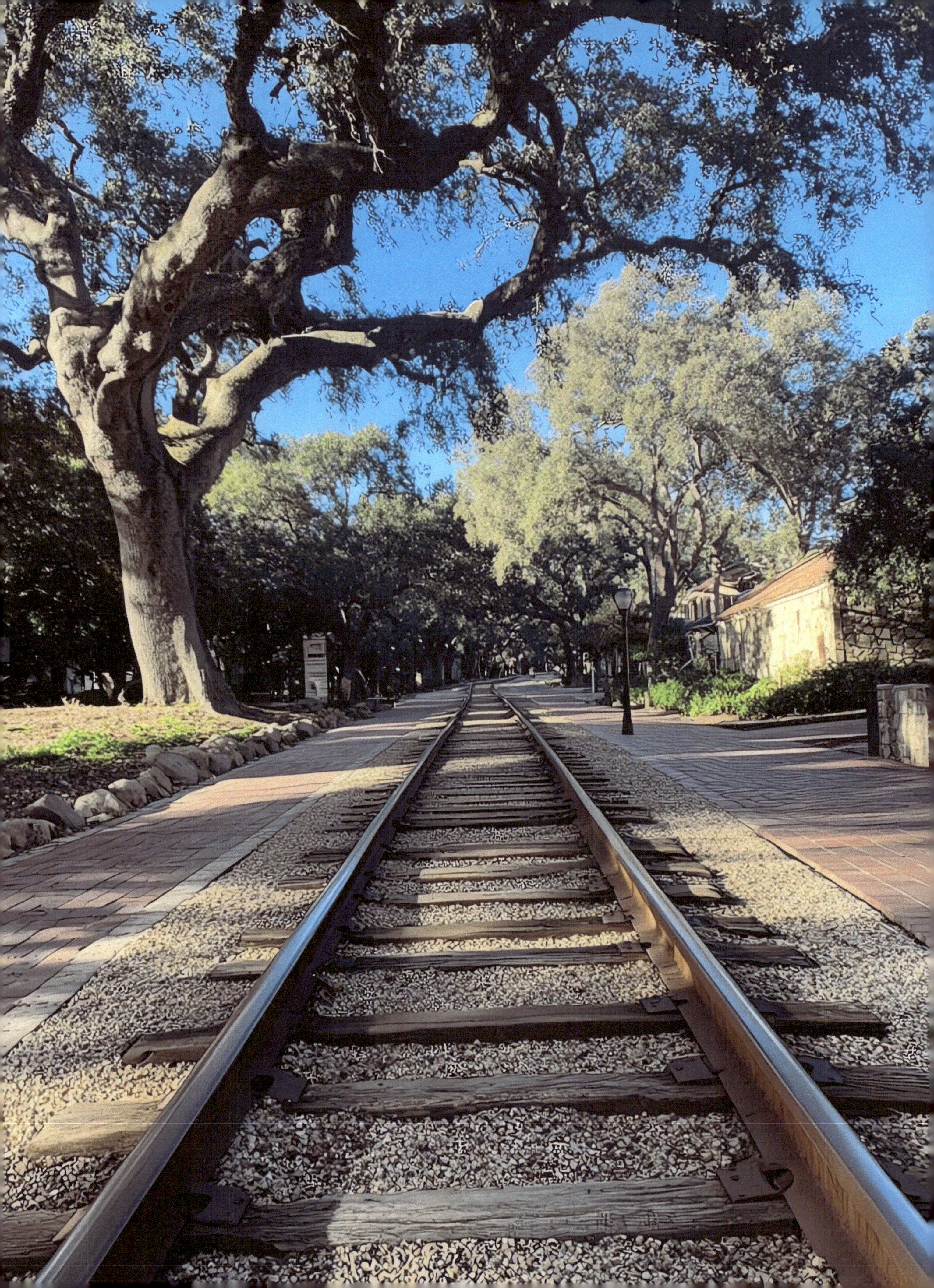

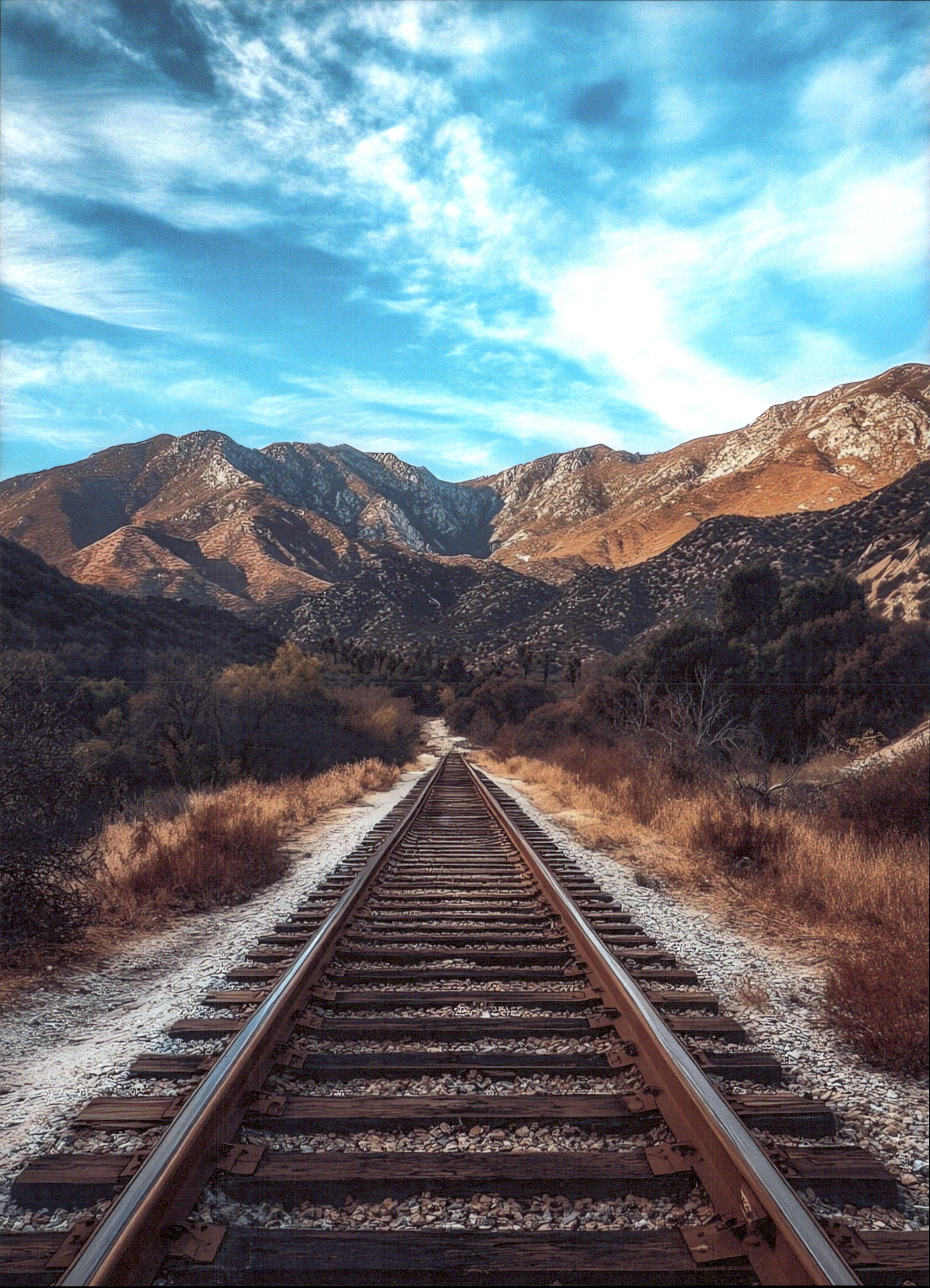

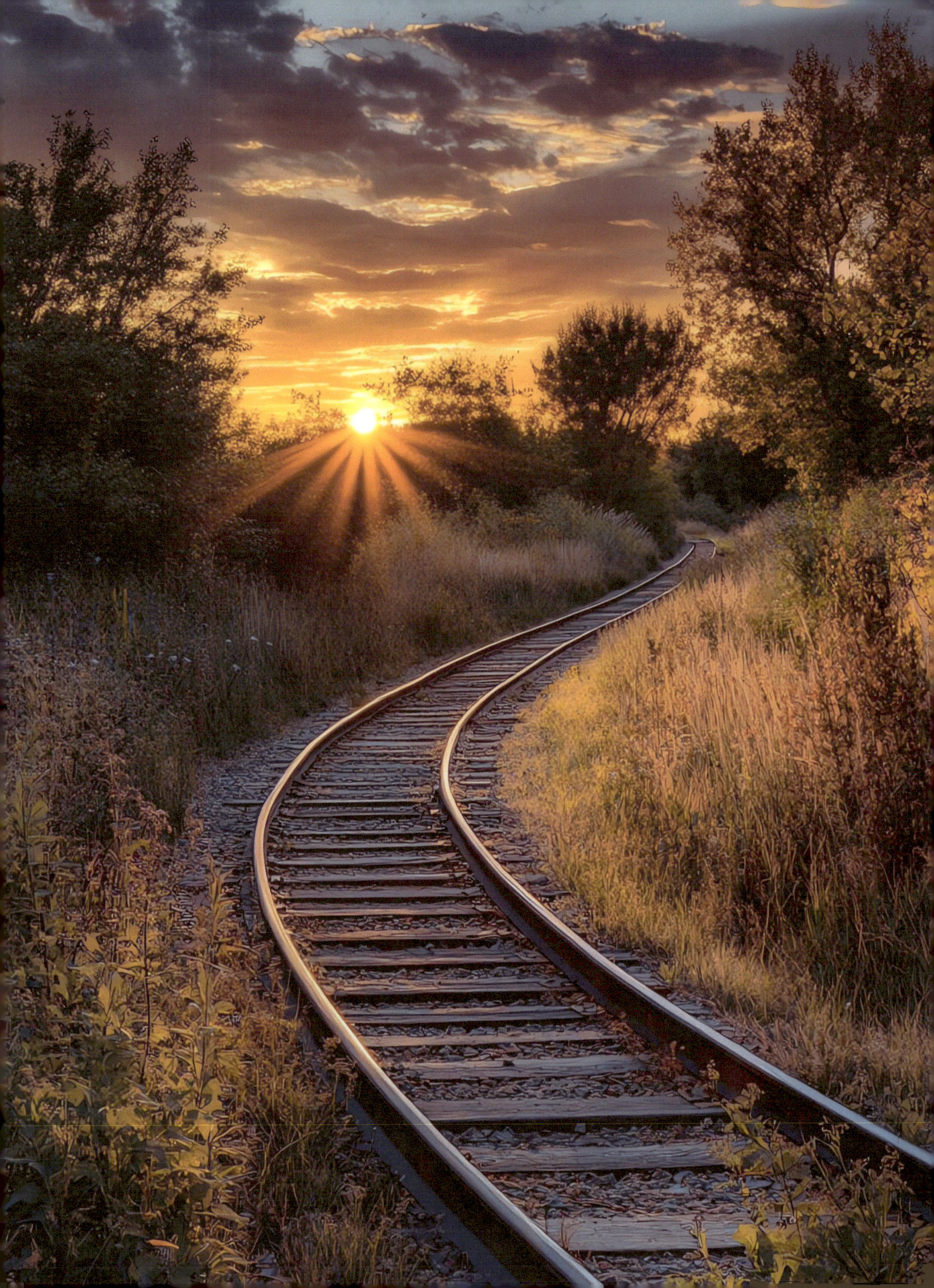

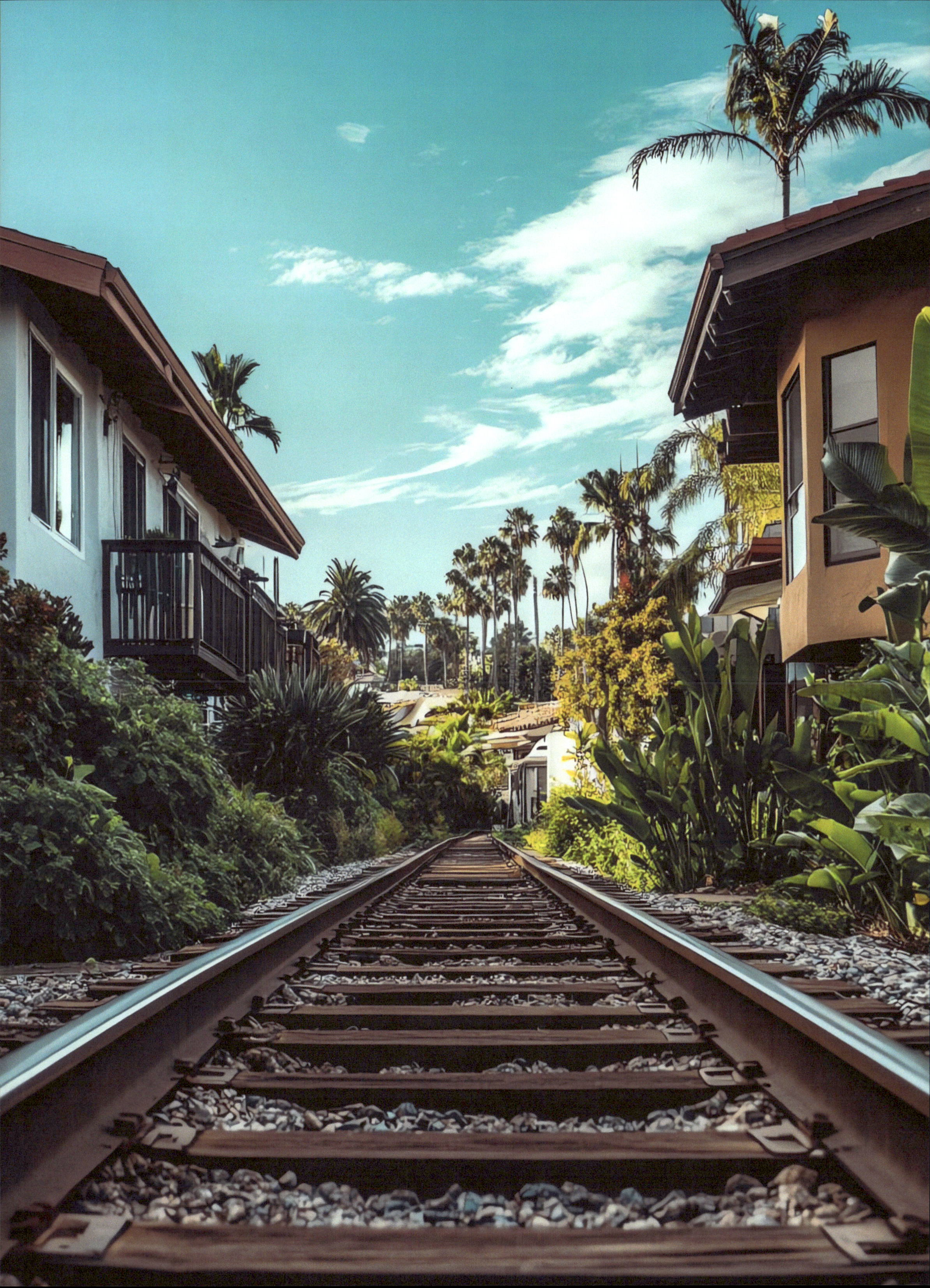

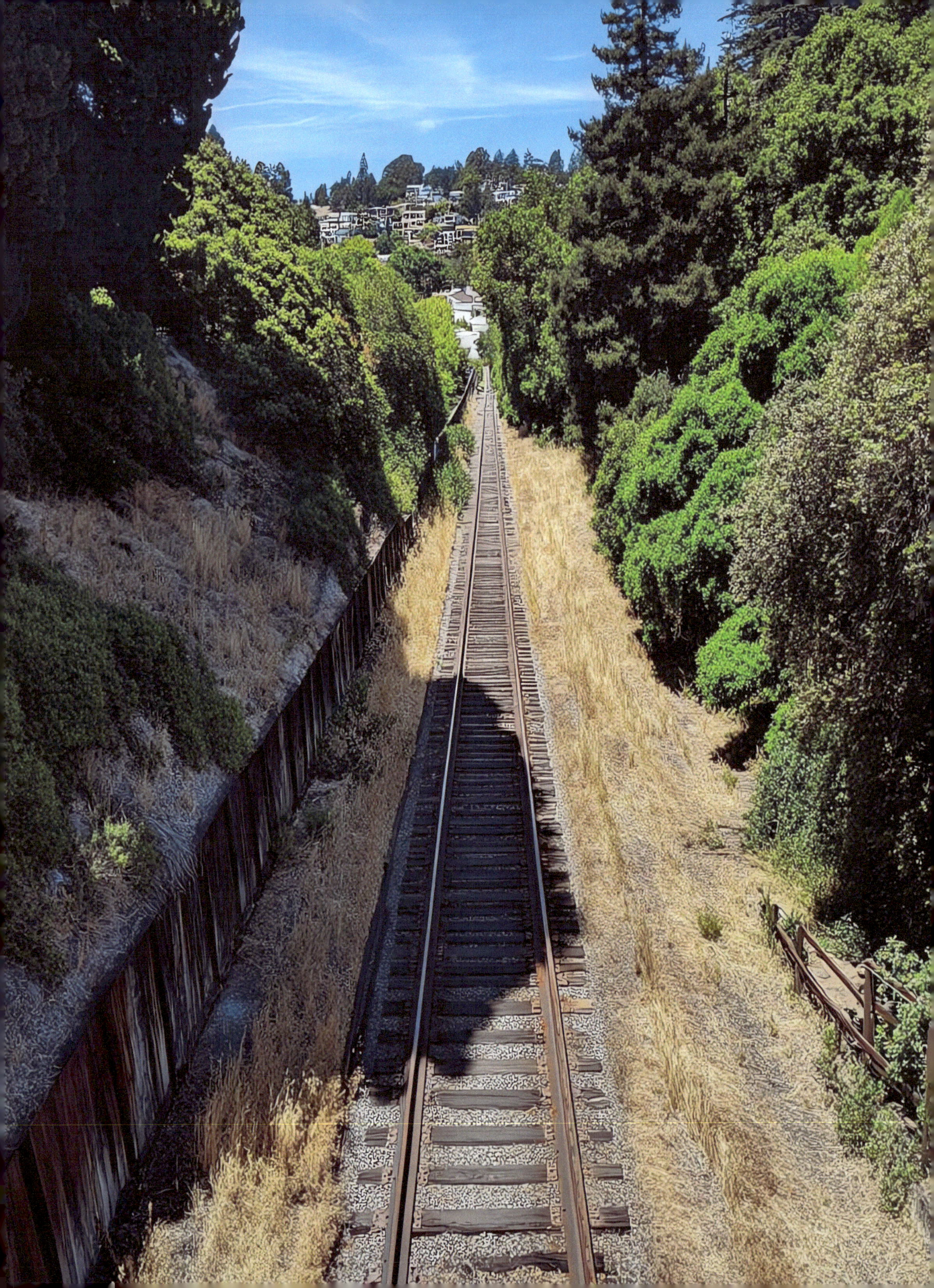

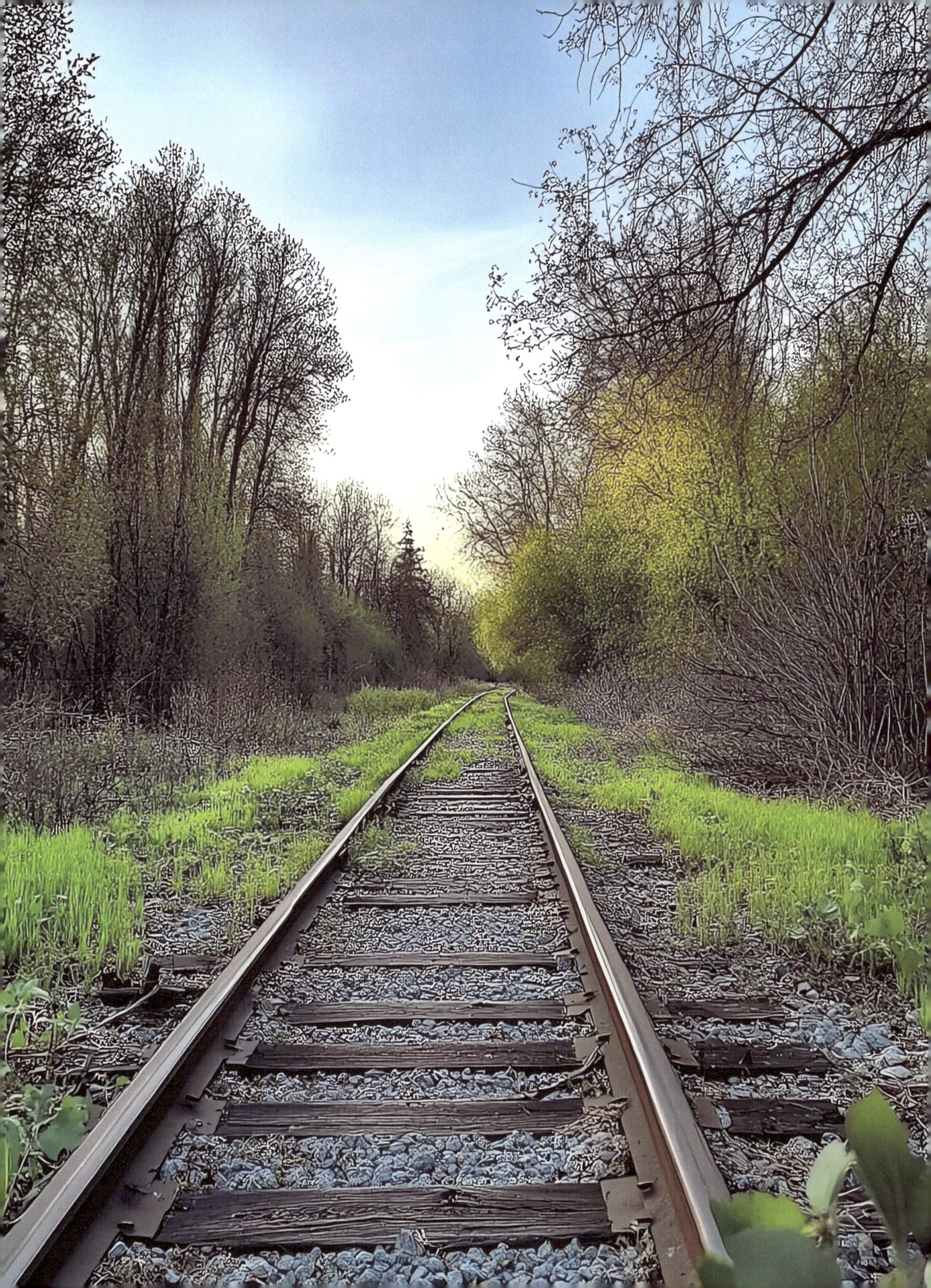

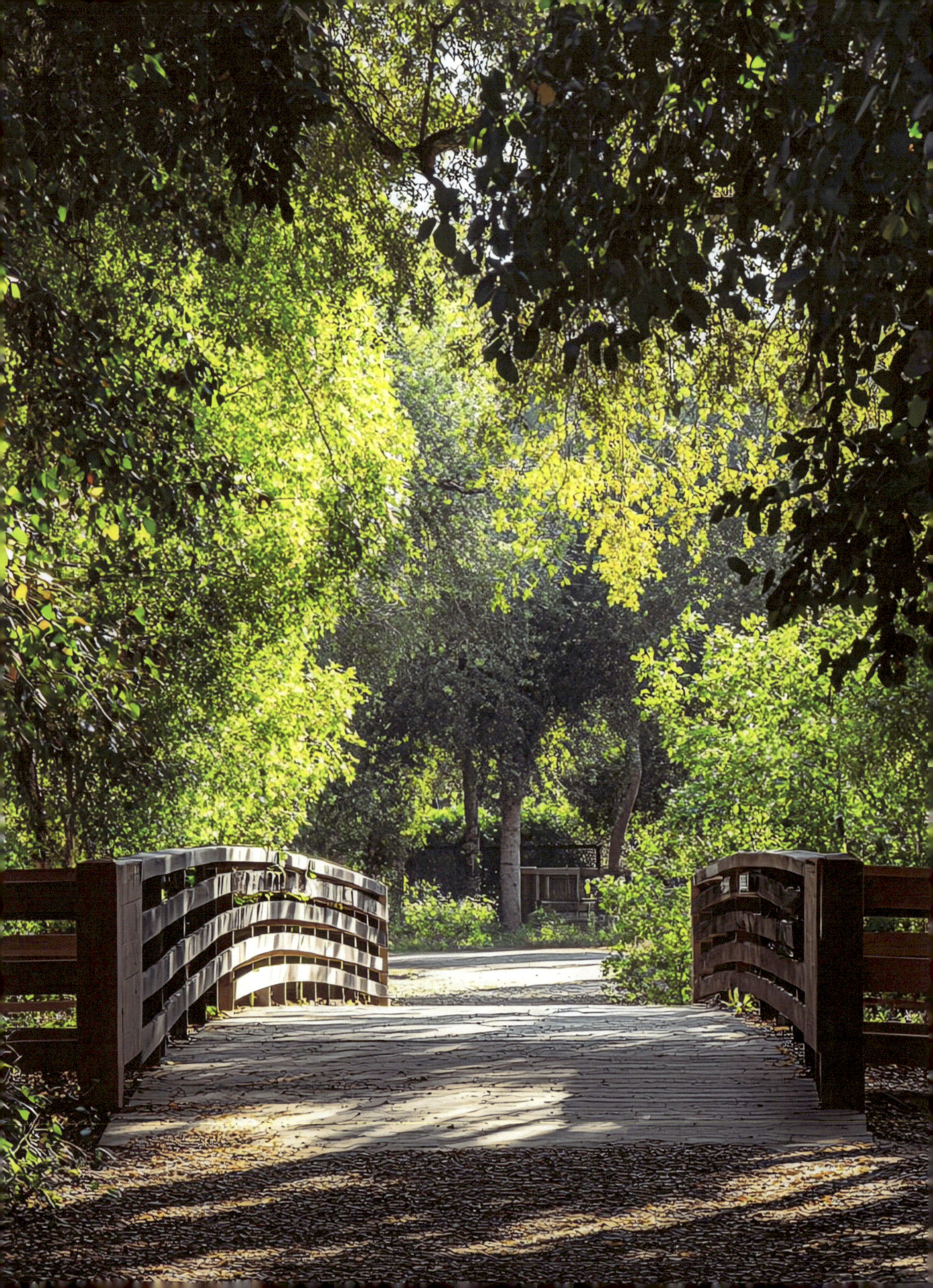

www.ingramcontent.com/pod-product-compliance
Lightning Source LLC
Chambersburg PA
CBHW040446220526
45473CB00004B/1532
* 9 7 9 8 3 0 0 4 8 5 2 5 2 *